国家基本职业培训包（指南包 课程包）

餐厅服务员

（试行）

人力资源和社会保障部职业能力建设司编制

中国劳动社会保障出版社

图书在版编目（CIP）数据

餐厅服务员：试行/人力资源和社会保障部职业能力建设司编制. --北京：中国劳动社会保障出版社，2017

（国家基本职业培训包：指南包　课程包）

ISBN 978－7－5167－3285－4

Ⅰ.①餐…　Ⅱ.①人…　Ⅲ.①饮食业-商业服务-职业培训-教学参考资料　Ⅳ.①F719.3

中国版本图书馆 CIP 数据核字（2017）第 281439 号

中国劳动社会保障出版社出版发行

（北京市惠新东街 1 号　邮政编码：100029）

*

北京谊兴印刷有限公司印刷装订　　新华书店经销

880 毫米 ×1230 毫米　16 开本　7.75 印张　147 千字

2017 年 11 月第 1 版　　2020 年 7 月第 2 次印刷

定价：25.00 元

读者服务部电话：（010）64929211/84209101/64921644

营销中心电话：（010）64962347

出版社网址：http://www.class.com.cn

编 制 说 明

为贯彻落实《中华人民共和国国民经济和社会发展第十三个五年规划纲要》提出的“实行国家基本职业培训包制度”的要求，按照《人力资源和社会保障部办公厅关于推进职业培训包工作的通知》（人社厅发〔2016〕162号）的部署安排，“十三五”期间，组织开发培训需求量大的100个左右国家基本职业培训包，指导开发100个左右地方（行业）特色职业培训包。到“十三五”末，力争全面建立国家基本职业培训包制度，普遍应用职业培训包开展各类职业培训。在征求各地培训需求的基础上，经调研论证，人力资源和社会保障部组织有关行业专家编制了首批中式烹调师等10个职业的国家基本职业培训包。

国家基本职业培训包是集培养目标、培训要求、培训内容、课程规范、考核大纲、教学资源等为一体的职业培训资源总合，是职业培训机构对劳动者开展政府补贴职业培训服务的工作规范和指南，对于加强职业培训规范化、科学化管理，促进职业培训与就业需求有效衔接，推行终身职业培训制度具有积极作用。

此次编制的中式烹调师等10个职业的国家基本职业培训包遵循《职业培训包开发技术规程（试行）》的要求，依据国家职业技能标准或企业岗位技术规范，结合新经济、新产业、新职业发展编制，力求客观反映现阶段本职业（工种）的技术水平、对从业人员的要求和职业培训教学规律。

《国家基本职业培训包（指南包　课程包）——餐厅服务员（试行）》是在

各有关专家的共同努力下完成的。参加编审的主要人员有：潘小慈、张丽娟、高静、沈群、刘娟、王美萍、王璐璐、郑敏、马芳芳，在制定过程中还得到了北京联合大学、浙江商业职业技术学院、杭州第一技师学院等有关单位的大力支持，在此一并致谢。

目 录

1 指 南 包

1.1 职业培训包使用指南 ······002
1.1.1 职业培训包结构与内容 ······002
1.1.2 培训课程体系介绍 ······003
1.1.3 培训课程选择指导 ······010
1.1.4 各类资源使用说明 ······010
1.2 职业指南 ······010
1.2.1 职业描述 ······010
1.2.2 职业培训对象 ······010
1.2.3 就业前景 ······011
1.3 培训机构设置指南 ······011
1.3.1 师资配备要求 ······011
1.3.2 培训场所设备配置要求 ······011
1.3.3 教学资料配备要求 ······014
1.3.4 管理人员配备要求 ······014
1.3.5 管理制度要求 ······015

2 课 程 包

2.1 培训要求 ······018
2.1.1 职业基本素质培训要求 ······018

2.1.2 初级职业技能培训要求 ······ 020
2.1.3 中级职业技能培训要求 ······ 023
2.1.4 高级职业技能培训要求 ······ 025
2.1.5 技师职业技能培训要求 ······ 027
2.1.6 高级技师职业技能培训要求 ······ 029

2.2 课程规范 ······ 030

2.2.1 职业基本素质培训课程规范 ······ 030
2.2.2 初级职业技能培训课程规范 ······ 037
2.2.3 中级职业技能培训课程规范 ······ 042
2.2.4 高级职业技能培训课程规范 ······ 046
2.2.5 技师职业技能培训课程规范 ······ 051
2.2.6 高级技师职业技能培训课程规范 ······ 059
2.2.7 培训建议中培训方法说明 ······ 064

2.3 考核规范 ······ 066

2.3.1 职业基本素质培训考核规范 ······ 066
2.3.2 初级职业技能培训理论知识考核规范 ······ 067
2.3.3 初级职业技能培训操作技能考核规范 ······ 068
2.3.4 中级职业技能培训理论知识考核规范 ······ 069
2.3.5 中级职业技能培训操作技能考核规范 ······ 070
2.3.6 高级职业技能培训理论知识考核规范 ······ 071
2.3.7 高级职业技能培训操作技能考核规范 ······ 072
2.3.8 技师职业技能培训理论知识考核规范 ······ 072
2.3.9 技师职业技能培训操作技能考核规范 ······ 073
2.3.10 高级技师职业技能培训理论知识考核规范 ······ 074
2.3.11 高级技师职业技能培训操作技能考核规范 ······ 075

附录 培训要求与课程规范对照表

附录 1 职业基本素质培训要求与课程规范对照表 ······ 078
附录 2 初级职业技能培训要求与课程规范对照表 ······ 086
附录 3 中级职业技能培训要求与课程规范对照表 ······ 092
附录 4 高级职业技能培训要求与课程规范对照表 ······ 096
附录 5 技师职业技能培训要求与课程规范对照表 ······ 101
附录 6 高级技师职业技能培训要求与课程规范对照表 ······ 109

1

指南包

1.1 职业培训包使用指南

1.1.1 职业培训包结构与内容

餐厅服务员职业培训包由指南包、课程包、资源包三个子包构成，结构如图 1 所示。

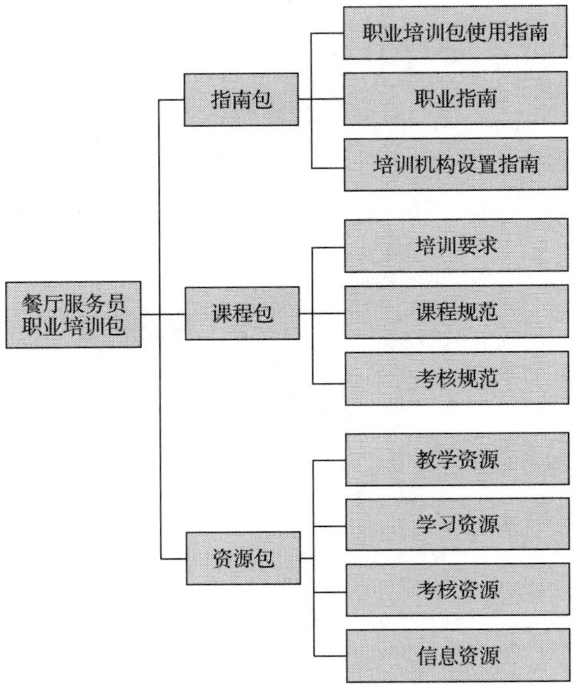

图 1 职业培训包结构图

指南包是指导培训机构、培训教师与学员开展职业培训的服务性内容总合，包括职业培训包使用指南、职业指南和培训机构设置指南。职业培训包使用指南是培训教师与学员了解职业培训包内容、选择培训课程、使用培训资源的说明性文本；职业指南是对职业信息的概述；培训机构设置指南是对培训机构开展职业培训提出的具体要求。

课程包是培训机构与教师实施职业培训、培训学员接受职业培训必须遵守的规范总合，包括培训要求、课程规范、考核规范。培训要求是参照国家职业技能标准、结合职业岗位工作实际需求制定的职业培训规范；课程规范是依据培训要求、结合职业培训教学规律，对课程设置、课堂学时、课程内容与培训方法等所做的统一规定；考核规范是针对课程规范中所规定的课程内容开发的，能够科学评价培训学员过程性学习效果与终结性培训成果的规则，是客观衡量培训学员职业基本素质与职业技能水平的标准，也是实施职业培训过程性与终结性考核的依据。

资源包是依据课程包要求，基于培训学员特征，遵循职业培训教学规律，应用先进职业培训课程理念，开发的多媒介、多形式的职业培训与考核资源总合，包括教学资源、学习资源、考核资源和信息资源。教学资源是为培训教师组织实施职业培训教学活动提供的相关资源；学习资源是为培训学员学习职业培训课程提供的相关资源；考核资源是为培训机构和教师实施职业培训考核提供的相关资源；信息资源是为培训教师和学员拓展视野提供的体现科技进步、职业发展的相关动态资源。

1.1.2 培训课程体系介绍

餐厅服务员职业培训课程体系依据职业技能等级分为职业基本素质培训课程、初级职业技能培训课程、中级职业技能培训课程、高级职业技能培训课程、技师职业技能培训课程和高级技师职业技能培训课程，每一类课程包含模块、课程和学习单元三个层级。餐厅服务员职业培训课程体系均源自本职业培训包课程包中的课程规范，以学习单元为基础，形成职业层次清晰、内容丰富的“培训课程超市”。

餐厅服务员职业培训课程学时分配一览表

职业技能等级	课堂学时		其他学时	培训总学时
	职业基本素质培训课程	职业技能培训课程		
初级	36	80	134	250
中级	27	72	101	200
高级	18	90	72	180
技师	9	80	61	150
高级技师	0	60	40	100

注：课堂学时是指培训机构开展的理论课程教学及实操课程教学的建议最低学时数。除课堂学时外，培训总学时还应包括岗位实习、现场观摩、自学自练等其他学时。

（1）职业基本素质培训课程

模块	课程	学习单元	课堂学时
1．职业认知	1–1　职业认知	（1）职业认知	1
	1–2　职业道德基本知识	（1）道德与职业道德	2
	1–3　职业守则	（1）职业守则	1

续表

模块	课程	学习单元	课堂学时
2. 餐厅服务礼仪	2-1 餐厅礼貌服务基础知识及相关要求与规范	(1) 餐厅礼貌服务	1
		(2) 仪容、仪表、仪态要求	2
		(3) 餐厅服务礼仪规范	1
	2-2 餐厅服务语言艺术	(1) 餐厅服务语言及运用	2
		(2) 与顾客有效沟通	2
	2-3 用餐礼仪与饮食习俗	(1) 用餐礼仪	1
		(2) 饮食习俗	2
3. 餐厅服务心理与人际沟通	3-1 餐厅服务心理	(1) 餐厅服务心理	4
	3-2 人际沟通	(1) 餐厅人际沟通的基本原则	1
		(2) 餐厅人际沟通的基本技巧	2
4. 饮食营养	4-1 能量与营养素、水和膳食纤维	(1) 能量、宏量营养素、微量营养素、水和膳食纤维	2
	4-2 平衡膳食	(1) 平衡膳食	2
5. 饮食卫生	5-1 食品卫生质量鉴别	(1) 食品卫生基础知识与食品卫生质量鉴别方法	1
	5-2 食品污染和食物中毒	(1) 食品污染及食物中毒	2
	5-3 餐饮企业卫生管理要求	(1) 餐厅环境卫生和餐厅服务员个人卫生	1
		(2) 餐用具、棉织品和饮水的卫生	1
6. 餐厅安全知识	6-1 公共场所安全知识	(1) 治安管理和消防常识	1
	6-2 餐厅安全知识	(1) 操作安全隐患防范	1
		(2) 财产和环境安全隐患防范	1
7. 相关法律法规知识	7-1 相关法律法规知识	(1) 相关法律法规知识	2
课堂学时合计			36

注：本表所列为初级职业基本素质培训课程，其他等级职业基本素质培训课程按“餐厅服务员职业培训课程学时分配一览表”中相应的课堂学时要求进行必要的调整。

（2）初级职业技能培训课程

模块	课程	学习单元	课堂学时
1．餐前准备	1-1　个人、物品及环境准备	（1）个人、物品及环境准备	2
	1-2　托盘	（1）托盘的种类及用途	1
		（2）托盘的方法与要求	6
	1-3　摆台	（1）中餐便餐台铺台布	6
		（2）中餐便餐台的餐用具摆放	5
		（3）餐椅摆放	1
	1-4　餐巾折花	（1）餐巾折叠基本方法	2
		（2）餐巾花折叠及摆放	9
2．接待服务	2-1　礼仪接待	（1）中餐迎宾引位服务	2
	2-2　出品介绍	（1）介绍中餐菜品	4
		（2）介绍中国酒	4
		（3）介绍非酒精饮料	2
	2-3　点菜服务	（1）菜品常识	4
		（2）中餐点菜服务	4
		（3）中餐点酒水服务	2
3．餐间服务	3-1　上菜服务	（1）传菜服务	1
		（2）一般菜品上菜	4
		（3）特殊菜品上菜	2
	3-2　酒水服务	（1）根据酒水选用酒杯	2
		（2）开启各类酒水	4
		（3）徒手斟酒水	6
	3-3　撤换餐用具	（1）撤换餐用具	2
4．餐后服务	4-1　送客服务	（1）宾客离席及送客	2
	4-2　清理餐桌	（1）餐后收台	2
		（2）清洁台面	1
课堂学时合计			80

（3）中级职业技能培训课程

模块	课程	学习单元	课堂学时
1．餐前准备	1–1　摆台	（1）西餐便餐台摆台	4
		（2）中餐宴会摆台	12
		（3）自助餐摆台	2
		（4）会议摆台	1
	1–2　餐巾折花	（1）20 种杯花折叠	8
		（2）5 种盘花折叠	4
		（3）宴会台面餐巾花选择和摆放	1
2．接待服务	2–1　礼仪接待	（1）餐位安排	2
	2–2　出品介绍	（1）介绍西餐菜品	4
		（2）介绍菜品典故	2
		（3）介绍菜品营养特点	4
		（4）介绍外国酒	2
	2–3　点菜服务	（1）西餐点菜服务	4
		（2）西餐点酒水服务	3
3．餐间服务	3–1　西餐上菜服务	（1）西餐上菜	4
	3–2　自助餐服务	（1）自助餐服务	2
	3–3　分菜服务	（1）中餐分菜服务	4
	3–4　酒水服务	（1）黄酒侍酒服务	2
	3–5　撤换餐具	（1）餐具撤换与调整	2
4．餐后服务	4–1　结账服务	（1）结账收银	2
	4–2　送客服务	（1）送客服务	1
	4–3　酒具保洁	（1）清洁、消毒酒具	2
课堂学时合计			72

（4）高级职业技能培训课程

模块	课程	学习单元	课堂学时
1．餐前准备	1-1 插花	（1）插花准备	4
		（2）插花基本程序与方法	4
		（3）中餐台面插花	4
		（4）西餐台面插花	4
	1-2 摆台	（1）中餐主题宴会摆台	10
		（2）西餐宴会摆台	16
2．接待服务	2-1 礼仪接待	（1）预订服务	2
	2-2 出品介绍	（1）中餐宴会菜品组合特点	4
		（2）西餐宴会菜品组合特点	4
	2-3 茶艺服务	（1）红茶、绿茶、花茶简介	2
		（2）红茶服务	2
		（3）绿茶服务	2
		（4）花茶服务	2
3．餐间服务	3-1 分菜服务	（1）整形菜分菜	3
		（2）特殊菜分菜	3
		（3）西餐分菜服务	4
	3-2 酒水服务	（1）葡萄酒侍酒服务	8
		（2）汽酒侍酒服务	2
4．餐厅管理	4-1 酒水管理	（1）酒水质量感官鉴别	1
		（2）酒水的储藏及出入库	1
	4-2 器皿管理	（1）高档餐酒具及装饰器皿的清洁、保养与储存	2
	4-3 服务质量管理	（1）餐厅管理基础知识	2
		（2）服务流程、服务规范等质量问题的纠正	4
课堂学时合计			90

（5）技师职业技能培训课程

模块	课程	学习单元	课堂学时
1．餐前准备	1-1 就餐环境设计与布置	（1）主题宴会的环境要求	3
		（2）主题宴会环境设计	3
		（3）主题宴会环境布置	4
	1-2 餐台设计与布置	（1）主题宴会餐台设计要求与依据	2
		（2）主题宴会餐台设计内容与方法	4
		（3）典型主题宴会餐台设计与布置	4
	1-3 服务规程设计	（1）宴会服务程序编制	4
		（2）宴会服务人员分工	1
		（3）宴会服务工作计划	2
		（4）安排宴会服务人员培训	4
		（5）控制预案编制规则与要求	4
2．接待服务	2-1 茶艺服务	（1）乌龙茶服务	4
		（2）普洱茶服务	4
		（3）紧压茶服务	4
	2-2 鸡尾酒调制	（1）鸡尾酒常识	2
		（2）调制鸡尾酒	4
3．餐厅管理	3-1 成本管理	（1）成本核算的方法	2
		（2）餐饮出品定价方法	2
	3-2 服务质量管理	（1）餐饮服务各阶段菜品质量的控制	2
		（2）菜品质量问题及处理	1
		（3）常见餐饮服务态度问题及处理	2
		（4）餐厅服务考核标准的制定	3
	3-3 营销管理	（1）餐饮营销的概念和特点	1
		（2）餐饮营销的手段	1
		（3）餐厅主题活动营销方案的制定	3
4．培训指导	4-1 专业培训	（1）培训教案的编写	2
		（2）对初、中、高级餐厅服务员进行培训	4
	4-2 技能指导	（1）对初、中、高级餐厅服务员进行技能指导	4
课堂学时合计			80

（6）高级技师职业技能培训课程

模块	课程	学习单元	课堂学时
1．餐前准备	1-1　菜单设计	（1）宴会菜单设计基础知识	2
		（2）中餐宴会菜单设计	4
		（3）西餐宴会菜单设计	4
	1-2　就餐环境设计布置	（1）大型宴会环境设计与布置要求	4
		（2）大型鸡尾酒会环境设计与布置	3
		（3）冷餐会环境设计与布置	3
		（4）大型茶话会环境设计与布置	3
	1-3　餐台设计布置	（1）大型宴会台型设计	2
		（2）台型设计方案撰写	2
		（3）鸡尾酒会台型设计及布置	2
		（4）冷餐会台型设计及布置	3
		（5）茶话会台型设计及布置	3
2．餐厅管理	2-1　成本管理	（1）餐厅经营成本核算方法	4
	2-2　服务质量管理	（1）常见餐厅突发事件及应急预案	3
		（2）餐厅突发事件处理	2
		（3）服务质量督导	3
		（4）餐饮服务质量的分析与改进	4
3．培训指导	3-1　专业培训	（1）培训计划概述、内容及制订方法	5
	3-2　技能指导	（1）作业指导书概述、内容及编写方法	4
课堂学时合计			60

1.1.3 培训课程选择指导

职业基本素质培训课程为必修课程，相当于本职业的入门课程。各级别职业技能培训课程由培训机构教师根据培训学员实际情况，遵循高级别涵盖低级别的原则进行选择。

原则上，初入职的培训学员应学习职业基本素质培训课程和初级职业技能培训课程的全部内容，有职业技能等级提升需求的培训学员，可按照国家职业技能标准的“鉴定要求”，对照自身需求选择更高等级的培训课程。

具有一定从业经验、无职业技能等级晋升要求的培训学员，可根据自身实际情况自主选择本职业培训课程。具体方法为：（1）选择课程模块；（2）在模块中筛选课程；（3）在课程中筛选学习单元；（4）组合成本次培训的整个课程。

培训教师可以根据以上方法对培训学员进行单独指导。对于订单培训，培训教师可以按照如上方法，对照订单要求进行培训课程的选择。

1.1.4 各类资源使用说明

（待各类资源开发完成后补充。）

1.2 职业指南

1.2.1 职业描述

餐厅服务员是在星级酒店、餐厅等餐饮场所为顾客安排座位、点配菜品及酒水，进行宴会设计、装饰与布置，提供就餐服务的人员。

1.2.2 职业培训对象

餐厅服务员职业培训的对象主要包括：城乡未继续升学的应届初高中毕业生、农村转移就业劳动者、城镇登记失业人员、转岗转业人员、退役军人、餐饮企业在职职工和高校毕业生等各类有培训需求的人员。

1.2.3 就业前景

餐厅服务员的工作岗位有：星级酒店以及餐饮企业餐厅引座员、职业点菜师、侍酒师、宴会服务师等，未来可晋升为餐厅领班、餐厅主管、餐厅经理、餐饮总监等职位。

1.3 培训机构设置指南

1.3.1 师资配备要求

（1）培训教师任职基本条件

1）培训初级、中级、高级餐厅服务员的教师应具备本职业技师职业资格证书、技师技能等级认证或相关专业技术职务任职资格。

2）培训餐厅服务员技师、高级技师的教师应具备本职业高级技师职业资格证书、高级技师技能等级认证或相关专业技术职务任职资格。

（2）培训教师数量要求（以 30 人培训班为基准）

1）理论课教师：1 人以上；培训规模超过 30 人的，按教师与学员之比不低于 1∶30 配备教师。

2）实习指导教师：1 人以上；培训规模超过 30 人的，按教师与学员之比不低于 1∶30 配备教师。

1.3.2 培训场所设备配置要求

培训场所设备配置要求如下（以 30 人培训班为基准）：

（1）理论知识培训场所设备配置要求：60 ~ 80 平方米标准教室，多媒体教学设备（计算机、投影仪、幕布或显示屏、网络接入设备、音响设备）、黑板、30 套以上桌椅，符合照明、通风、安全等相关规定。

（2）操作技能培训场所设备配置要求：实习工位充足，设备设施配套齐全，符合环保、劳保、安全、卫生、消防、通风和照明等相关规定及安全规程。初级、中级、高级餐厅服务员培训应配置物品准备和就餐服务两个操作场所或功能区；餐厅服务员技师、高级技师培训应配置物品准备和宴会就餐服务两个操作场所或功能区。

实训用餐具用具及其他物品、材料等配置要求如下：

等级	餐具	用具	其他用品、材料
初级	与餐位数量配套的骨碟、筷子、汤碗、汤勺、水杯、白酒杯、啤酒杯、黄酒杯、红酒杯	1．托盘30个，托盘垫布30块，餐巾60块，台布4块 2．与餐桌数量配套相当的桌签、牙签盅、纸巾盒、小毛巾	1．餐厅服务员工作服、铭牌30套，中餐菜单30套，点菜机2台，计算器5个，预订卡片、餐厅点菜单、纸张若干 2．订餐台1张，工作台4张，10人位圆桌、6人位方桌各两套 3．各类待装盘物品（含模拟品），瓶装白酒30瓶（可用模拟品代替），瓶装啤酒30瓶（可用模拟品代替），汤菜8盆（可用模拟品代替），炒菜10种（可用模拟品代替） 4．餐车4台，垃圾桶2个，抹布30块，清洁剂2瓶，消毒剂2瓶
中级	1．与餐位数量配套的骨碟、筷子、汤碗、汤勺、水杯、白酒杯、啤酒杯、黄酒杯、红酒杯、饮料杯及公用餐具 2．与餐位数量配套的展示盘、面包盘、黄油刀、主菜刀、主菜叉、鱼刀、鱼叉、开胃刀、开胃叉、汤勺、甜食叉、甜食刀、黄油碟、咖啡垫盘、咖啡杯、咖啡勺、冰水杯、红葡萄酒杯、白葡萄酒杯、汽酒杯、餐后甜酒杯等	1．托盘30个，托盘垫布30块，各类待装盘物品（含模拟品），餐巾60块，小毛巾30块，胡椒瓶8个，盐瓶8个 2．与餐桌数量配套相当的桌签、牙签盅、纸巾盒	1．餐厅服务员工作服、铭牌30套，中西餐菜单各30套，点菜机2台，计算器5个，预订卡片、餐厅点菜单、纸张若干 2．订餐台1张，工作台4张，10人位圆桌、6人位方桌各两套，台布4块，分餐台8个，6人位西餐桌椅4套 3．炒菜10种（可用模拟品代替），汤菜8盆（可用模拟品代替），卷食菜、西餐菜品若干（可用模拟品代替），瓶装白酒30瓶（可用模拟品代替），瓶装啤酒瓶（可用模拟品代替），花瓶4只，烛台4个，酒篮4只，冰桶4个 4．餐车4台，垃圾桶2个，抹布30块，清洁剂2瓶，消毒剂2瓶

续表

等级	餐具	用具	其他用品、材料
高级	1．与餐位数量配套的骨碟、筷子、汤碗、汤勺、软饮杯、白酒杯、红酒杯、啤酒杯、黄酒杯及公用餐具 2．与餐位数量配套的展示盘、面包盘、黄油刀、主菜刀、主菜叉、鱼刀、鱼叉、开胃刀、开胃叉、汤勺、甜食叉、甜食刀、黄油碟、咖啡垫盘、咖啡杯、咖啡勺、冰水杯、红葡萄酒杯、白葡萄酒杯、汽酒杯、餐后甜酒杯等	1．托盘30个，托盘垫布30块，各类待装盘物品（含模拟品），餐巾60块，小毛巾30块，胡椒瓶8个，盐瓶8个 2．与餐桌数量配套相当的桌签、牙签盅、纸巾盒	1．餐厅服务员工作服、铭牌30套，中西餐菜单各30套，点菜机2台，计算器5个，预订卡片、餐厅点菜单、纸张若干 2．订餐台1张，工作台4张，10人位圆桌、6人位方桌各两套，台布4块，分餐台8个，6人位西餐桌椅4套 3．花泥30块，针盘30个，剪刀30把，喷壶10只，各类花材若干 4．汤菜8盆（可用模拟品代替），炒菜10种（可用模拟品代替），拔丝菜、整形菜、泥包菜、西餐菜品若干（可用模拟品代替），瓶装白酒30瓶（可用模拟品代替），瓶装啤酒30瓶（可用模拟品代替），红葡萄酒30瓶（可用模拟品代替），白葡萄酒30瓶（可用模拟品代替），花瓶4只，烛台4个，酒篮4只，冰桶4个 5．餐车4台，垃圾桶2个，抹布30块，清洁剂2瓶，消毒剂2瓶
技师	1．与餐位数量配套的骨碟、筷子、汤碗、汤勺、软饮杯、白酒杯、红酒杯、啤酒杯、黄酒杯、冰夹、量杯、鸡尾酒杯、调酒壶 2．与餐位数量配套的展示盘、面包盘、黄油刀、主菜刀、主菜叉、鱼刀、鱼叉、开胃刀、开胃叉、汤勺、甜食叉、甜食刀、黄油碟、咖啡垫盘、咖啡杯、咖啡勺、冰水杯、红葡萄酒杯、白葡萄酒杯、汽酒杯、餐后甜酒杯、冰水壶等	1．托盘30个，托盘垫布30块，各类待装盘物品（含模拟品），餐巾60块，小毛巾30块，胡椒瓶12个，盐瓶12个 2．与餐桌数量配套相当的桌签、牙签盅、纸巾盒	1．餐厅服务员工作服、铭牌30套 2．订餐台1个，工作台4个，10人位圆桌、6人位方桌各6套，中餐台布12块，西餐台布6块 3．花泥30块，针盘30个，剪刀30把，喷壶10只，各类花材若干 4．拔丝菜、整形菜、泥包菜、西餐菜品若干（可用模拟品代替），瓶装白酒30瓶（可用模拟品代替），瓶装啤酒30瓶（可用模拟品代替），红葡萄酒、白葡萄酒、汽酒、若干，花瓶12只，烛台12个，酒篮12只，冰桶12个 5．抹布30块，清洁剂2瓶，消毒剂2瓶

续表

等级	餐具	用具	其他用品、材料
高级技师	1．与餐位数量配套的骨碟、筷子、汤碗、汤勺、软饮杯、白酒杯、红酒杯、啤酒杯、黄酒杯及公用餐具 2．与餐位数量配套的展示盘、面包盘、黄油刀、主菜刀、主菜叉、鱼刀、鱼叉、开胃刀、开胃叉、汤勺、甜食叉、甜食刀、黄油碟、咖啡垫盘、咖啡杯、咖啡勺、冰水杯、红葡萄酒杯、白葡萄酒杯、汽酒杯、餐后甜酒杯等	1．托盘 30 个，托盘垫布 30 块，各类待装盘物品（含模拟品），餐巾 60 块，小毛巾 30 块，胡椒瓶 12 个，盐瓶 12 个 2．与餐桌数量相当的桌签、牙签盅、纸巾盒	1．餐厅服务员工作服、铭牌 30 套 2．订餐台 1 个，工作台 4 个，10 人位圆桌、6 人位方桌各 6 套，中餐台布 12 块，西餐台布 6 块 3．花泥 30 块，针盘 30 个，剪刀 30 把，喷壶 10 只，各类花材若干 4．拔丝菜、整形菜、泥包菜、西餐菜品若干（可用模拟品代替），瓶装白酒 30 瓶（可用模拟品代替），瓶装啤酒 30 瓶（可用模拟品代替），红葡萄酒、白葡萄酒、汽酒若干，花瓶 12 只，烛台 12 个，酒篮 12 只，冰桶 12 个 5．抹布 30 块，清洁剂 2 瓶，消毒剂 2 瓶

1.3.3 教学资料配备要求

（1）培训规范：《餐厅服务员国家职业技能标准》《餐厅服务员职业基本素质培训要求》《餐厅服务员职业技能培训要求》《餐厅服务员职业基本素质培训课程规范》《餐厅服务员职业技能培训课程规范》《餐厅服务员职业基本素质培训考核规范》《餐厅服务员职业技能培训理论知识考核规范》《餐厅服务员职业技能培训操作技能考核规范》。

（2）教学资源、教材教辅、网络资源等内容必须符合“（1）培训规范”。

1.3.4 管理人员配备要求

（1）专职校长：1 人，应具有大专及以上文化程度、中级及以上专业技术职务任职资格，从事职业技术教育及教学管理 5 年以上，熟悉职业培训的有关法律法规。

（2）教学管理人员：1 人以上，专职不少于 1 人；应具有大专及以上文化程度、中级及以上专业技术职务任职资格，从事职业技术教育及教学管理 5 年以上，具有丰富的教学管理经验。

（3）办公室人员：1 人以上，应具有大专及以上文化程度。

（4）财务管理人员：2 人，应具有大专及以上文化程度。

1.3.5 管理制度要求

应建立健全完备的管理制度，包括办学章程与发展规划、教学管理、教师管理、学员管理、财务管理、设备管理等制度。

2

课程包

2.1 培训要求

2.1.1 职业基本素质培训要求

职业基本素质模块	培训内容	培训细目
1．职业认知	1–1　职业认知	（1）餐饮业简介 （2）餐厅服务员的工作内容
	1–2　职业道德基本知识	（1）“四德”建设的主要内容 （2）社会主义核心价值观 （3）职业道德修养
	1–3　职业守则	（1）餐厅服务员职业守则
2．餐厅服务礼仪	2–1　餐厅礼貌服务基础知识及相关要求与规范	（1）餐厅礼貌服务基础知识 （2）仪容、仪表、仪态要求
	2–2　餐厅服务语言艺术	（1）餐厅服务用语 （2）与顾客有效沟通
	2–3　用餐礼仪与饮食习俗	（1）用餐礼仪 （2）饮食习俗与礼节
3．餐厅服务心理与人际沟通	3–1　餐厅服务心理	（1）餐厅服务心理 （2）不同消费心理顾客的接待方法
	3–2　人际沟通	（1）餐厅人际沟通的基本原则 （2）餐厅人际沟通的基本技巧
4．饮食营养	4–1　能量与营养素、水和膳食纤维	（1）能量的供给和食物来源 （2）宏量营养素的概念、生理功能和食物来源 （3）微量营养素的概念、生理功能和食物来源 （4）水和膳食纤维的概念、生理功能和食物来源

续表

职业基本素质模块	培训内容	培训细目
4．饮食营养	4–2　平衡膳食	（1）平衡膳食与合理营养知识 （2）主要膳食结构
5．饮食卫生	5–1　食品卫生质量鉴别	（1）食品卫生知识 （2）根据感官、食品标签鉴别腐败食品和过期食品
	5–2　食品污染和食物中毒	（1）食品污染及其防治 （2）食物中毒特点与分类知识
	5–3　餐饮企业卫生管理要求	（1）餐厅环境卫生要求 （2）餐厅服务员卫生要求 （3）餐用具、棉织品卫生要求 （4）饮水卫生要求
6．餐厅安全知识	6–1　公共场所安全知识	（1）餐厅突发治安管理事件的应对方法 （2）餐厅突发消防事件的应对方法 （3）各类灭火器材的使用方法
	6–2　餐厅安全知识	（1）常见餐厅安全隐患 （2）操作安全、财产安全和环境安全隐患的防范
7．相关法律法规知识	7–1　相关法律法规知识	（1）《中华人民共和国劳动法》相关知识 （2）《中华人民共和国劳动合同法》相关知识 （3）《中华人民共和国消费者权益保护法》相关知识 （4）《中华人民共和国食品安全法》相关知识 （5）《中华人民共和国消防法》相关知识

2.1.2 初级职业技能培训要求

职业功能模块	培训内容	技能目标	培训细目
1．餐前准备	1-1 个人、物品及环境准备	1-1-1 能进行仪容仪表准备	(1) 个人仪容仪表准备 (2) 仪容仪表检查
		1-1-2 能进行物品准备	(1) 物品数量检查与准备 (2) 物品质量检查与准备
		1-1-3 能进行环境准备	(1) 环境卫生检查与准备 (2) 灯光、家具、电器等的检查与准备 (3) 摆饰检查 (4) 温湿度调节
	1-2 托盘	1-2-1 能选用托盘	(1) 根据形状选择托盘 (2) 根据材质选择托盘 (3) 根据规格选择托盘
		1-2-2 能起托、托盘行走、落托	(1) 轻托物品托盘 (2) 重托物品托盘 (3) 理盘、装盘
	1-3 摆台	1-3-1 能铺中餐便餐台台布	(1) 推拉式铺台 (2) 抖铺式铺台 (3) 撒网式铺台
		1-3-2 能摆放中餐便餐台	(1) 摆餐具 (2) 摆其他物品 (3) 围椅
	1-4 餐巾折花	1-4-1 能折叠10种杯花、5种盘花	(1) 5种动物杯花折叠 (2) 5种植物杯花折叠 (3) 5种盘花折叠 (4) 餐巾花的摆放

续表

职业功能模块	培训内容	技能目标	培训细目
2．接待服务	2-1　礼仪接待	2-1-1　能用普通话为宾客引位入座	（1）迎宾服务 （2）引位入座
	2-2　出品介绍	2-2-1　能介绍菜品的名称和特色	（1）介绍中餐菜品原材料 （2）介绍中餐菜品加工及烹饪方法 （3）介绍中餐菜品命名方法
		2-2-2　能介绍酒水的名称和特色	（1）介绍中国酒的分类及特点 （2）介绍常见中国酒的饮用方法 （3）介绍非酒精饮料的分类及特点 （4）介绍常见非酒精饮料的饮用方法
	2-3　点菜服务	2-3-1　能根据宾客需求点菜品	（1）为宾客点中餐菜品 （2）使用点菜机
		2-3-2　能根据宾客需求点酒水	（1）为宾客点酒水
3．餐间服务	3-1　上菜服务	3-1-1　能传菜	（1）传菜准备 （2）检查订单和菜品 （3）传送菜品
		3-1-2　能定位上菜	（1）确定零点上菜位置 （2）确定宴会上菜位置
		3-1-3　能按顺序上菜	（1）按顺序上菜 （2）正确摆放
		3-1-4　能报菜名	（1）报菜名 （2）介绍菜品

续表

职业功能模块	培训内容	技能目标	培训细目
3．餐间服务	3-1　上菜服务	3-1-5　能进行特殊菜品上菜	（1）上原盅炖品菜 （2）上有响声菜 （3）上跟用作料菜 （4）上拔丝菜 （5）上泥包、纸包、荷叶包菜 （6）上带酒精炉菜
	3-2　酒水服务	3-2-1　能根据酒水选用酒杯	（1）选择白酒杯 （2）选择啤酒杯 （3）选择饮料杯
		3-2-2　能开启各类酒水	（1）开启白酒 （2）开启啤酒 （3）开启饮料
		3-2-3　能徒手斟酒水	（1）徒手斟白酒 （2）徒手斟啤酒 （3）徒手斟饮料
	3-3　撤换餐用具	3-3-1　能撤换餐具	（1）撤换食具 （2）撤换酒具 （3）撤换茶具
		3-3-2　能撤换用具	（1）撤筷套等 （2）撤换小毛巾等
4．餐后服务	4-1　送客服务	4-1-1　能礼貌送客	（1）餐后打包 （2）送客 （3）餐后餐厅检查
	4-2　清理餐桌	4-2-1　能按顺序收台	（1）按顺序收台
		4-2-2　能清洁台面	（1）擦拭台面 （2）消毒台面

2.1.3 中级职业技能培训要求

职业功能模块	培训内容	技能目标	培训细目
1．餐前准备	1-1 摆台	1-1-1 能铺西餐便餐台台布	（1）铺方桌西餐便餐台台布 （2）铺长方桌西餐便餐台台布
		1-1-2 能摆放西餐便餐台餐具	（1）西餐便餐台早餐摆台 （2）西餐便餐台午、晚餐摆台
		1-1-3 能摆放中餐宴会台面餐具	（1）普通中餐宴会摆台
		1-1-4 能进行自助餐摆台	（1）自助餐摆台
		1-1-5 能进行会议摆台	（1）摆放饮品 （2）摆放桌签 （3）摆放会议物品
	1-2 餐巾折花	1-2-1 能折叠20种杯花、5种盘花	（1）杯花的折叠 （2）盘花的折叠
		1-2-2 能根据宴会台面选择和摆放餐巾花	（1）按照宴会台面选择餐巾花 （2）按照宴会台面摆放餐巾花
2．接待服务	2-1 礼仪接待	2-1-1 能判断不同宾客类型并针对需求安排席位	（1）判断宾客类型 （2）中餐宴会餐位安排
	2-2 出品介绍	2-2-1 能介绍西餐菜品的名称和特色	（1）介绍西餐菜品原材料 （2）介绍西餐菜品加工及烹饪方法
		2-2-2 能介绍菜品典故	（1）介绍菜品典故
		2-2-3 能介绍菜品的营养特点	（1）介绍中餐菜品的营养特点 （2）介绍西餐菜品的营养特点
		2-2-4 能介绍酒水的名称和特色	（1）介绍外国酒的分类和特点 （2）介绍外国酒的饮用方法

续表

职业功能模块	培训内容	技能目标	培训细目
2．接待服务	2-3　点菜服务	2-3-1　能根据宾客需求点菜品	(1) 介绍西餐的构成及特点 (2) 介绍西式点心的种类及特点 (3) 为宾客点西餐菜品
		2-3-2　能根据宾客需求点酒水	(1) 为宾客点西餐酒水
3．餐间服务	3-1　西餐上菜服务	3-1-1　能按顺序上菜与摆放	(1) 按顺序上菜与摆放
	3-2　自助餐服务	3-2-1　能进行自助餐服务	(1) 自助餐菜台服务 (2) 自助餐餐台服务
	3-3　分菜服务	3-3-1　能分炒菜、汤菜	(1) 分炒菜 (2) 分汤菜
	3-4　酒水服务	3-4-1　能进行黄酒服务	(1) 黄酒服务
	3-5　撤换餐具	3-5-1　能根据菜单内容调整中餐餐具	(1) 撤换餐具 (2) 根据菜单内容调整餐具
		3-5-2　能撤换自助餐餐具	(1) 适时、快速撤换餐具
4．餐后服务	4-1　结账服务	4-1-1　能为宾客准确、快捷结账服务	(1) 现金结账 (2) 信用卡结账 (3) 支票结账 (4) 电子支付
	4-2　送客服务	4-2-1　能进行礼貌送客服务	(1) 礼貌送客 (2) 送客服务内容
	4-3　酒具保洁	4-3-1　能清洁酒具	(1) 选用清洁剂 (2) 清洁酒具
		4-3-2　能给酒具消毒	(1) 选用消毒剂 (2) 给酒具消毒

2.1.4　高级职业技能培训要求

职业功能模块	培训内容	技能目标	培训细目
1．餐前准备	1-1　插花	1-1-1　能为中餐台面插花	（1）中餐台面插花的花材选择 （2）按照基本程序和方法进行插花 （3）3 种以上花型设计和插花
		1-1-2　能为西餐台面插花	（1）西餐台面的花材选择 （2）按照基本程序和方法进行插花 （3）3 种以上花型设计和插花
	1-2　摆台	1-2-1　能摆放中餐主题宴会台面	（1）生日宴会摆台 （2）婚宴摆台 （3）商务宴会摆台
		1-2-2　能放摆西餐宴会台面	（1）西餐宴会摆台
2．接待服务	2-1　礼仪接待	2-1-1　能进行预订服务	（1）散客预订 （2）宴会、团队餐预订
	2-2　出品介绍	2-2-1　能介绍中餐宴会菜品组合特点	（1）中餐宴会菜品品种组合 （2）中餐宴会菜品营养组合
		2-2-2　能介绍西餐宴会菜品组合特点	（1）西餐宴会菜品品种组合 （2）西餐宴会营养组合
	2-3　茶艺服务	2-3-1　能识别红茶、绿茶、花茶	（1）识别红茶、绿茶、花茶
		2-3-2　能冲泡红茶、绿茶、花茶	（1）冲泡红茶 （2）冲泡绿茶 （3）冲泡花茶

续表

<table>
<tr><th>职业功能模块</th><th>培训内容</th><th>技能目标</th><th>培训细目</th></tr>
<tr><td rowspan="5">3．餐间服务</td><td rowspan="3">3-1　分菜服务</td><td>3-1-1　能分整形菜</td><td>（1）分整形菜</td></tr>
<tr><td>3-1-2　能进行特殊菜品服务</td><td>（1）分铁板类菜品
（2）分卷食类菜品
（3）分拔丝类菜品</td></tr>
<tr><td>3-1-3　能进行西餐分菜服务</td><td>（1）法式分菜服务
（2）俄式分菜服务</td></tr>
<tr><td rowspan="2">3-2　酒水服务</td><td>3-2-1　能服务葡萄酒</td><td>（1）葡萄酒服务</td></tr>
<tr><td>3-2-2　能服务汽酒</td><td>（2）汽酒服务</td></tr>
<tr><td rowspan="5">4．餐厅管理</td><td rowspan="2">4-1　酒水管理</td><td>4-1-1　能感官鉴别酒水质量</td><td>（1）酒水质量感官鉴别的一般方法</td></tr>
<tr><td>4-1-2　能储藏酒水并履行出入库手续</td><td>（1）根据不同酒水储藏要求进行储藏
（2）按要求完成酒水出入库手续</td></tr>
<tr><td>4-2　器皿管理</td><td>4-2-1　能保养水晶、金银器等高档餐具、酒具</td><td>（1）水晶、金银、玉雕餐酒具及装饰器皿的清洁、保养与储存</td></tr>
<tr><td rowspan="2">4-3　服务质量管理</td><td>4-3-1　餐厅管理基础知识</td><td>（1）餐厅管理基础知识</td></tr>
<tr><td>4-3-2　能纠正服务过程中不符合服务程序、服务规范等质量问题</td><td>（1）纠正不符合服务程序的餐厅服务质量问题</td></tr>
</table>

2.1.5 技师职业技能培训要求

职业功能模块	培训内容	技能目标	培训细目
1. 餐前准备	1-1 就餐环境设计与布置	1-1-1 能设计与布置中餐主题宴会就餐环境	（1）设计与布置中餐婚宴宴会环境 （2）设计与布置中餐生日宴会环境 （3）设计与布置中餐商务宴会环境 （4）设计与布置中餐庆祝类宴会环境 （5）设计与布置中餐答谢宴会环境
		1-1-2 能设计与布置西餐主题宴会就餐环境	（1）设计与布置西餐婚宴宴会环境 （2）设计与布置西餐生日宴会环境 （3）设计与布置西餐商务宴会环境 （4）设计与布置西餐庆祝类宴会环境 （5）设计与布置西餐答谢宴会环境
	1-2 餐台设计与布置	1-2-1 能设计与布置中餐主题宴会餐台	（1）设计与布置中餐婚宴宴会餐台 （2）设计与布置中餐生日宴会餐台 （3）设计与布置中餐商务宴会餐台
		1-2-2 能设计与布置西餐主题宴会餐台	（1）设计与布置西餐婚宴宴会餐台 （2）设计与布置西餐生日宴会餐台 （3）设计与布置西餐商务宴会餐台
	1-3 服务规程设计	1-3-1 能编制宴会服务程序	（1）中餐宴会服务程序编制 （2）西餐宴会服务程序编制
		1-3-2 能安排培训宴会服务人员	（1）安排宴会服务人员分工 （2）制订服务工作计划 （3）进行宴会服务人员培训
		1-3-3 能制定宴会服务控制预案	（1）制定人力资源控制预案 （2）制定场地布置控制预案 （3）制定物资资源控制预案 （4）制定宴会服务规程控制预案 （5）制定宴会服务过程控制预案

续表

职业功能模块	培训内容	技能目标	培训细目
2．接待服务	2-1　茶艺服务	2-1-1　能冲泡乌龙茶、普洱茶	（1）冲泡乌龙茶 （2）冲泡普洱茶
		2-1-2　能煮紧压茶	（1）煮紧压茶
	2-2　鸡尾酒调制	2-2-1　能调制鸡尾酒	（1）摇和法调制鸡尾酒 （2）调和法调制鸡尾酒 （3）兑和法调制鸡尾酒 （4）搅和法调制鸡尾酒 （5）漂浮法调制鸡尾酒
3．餐厅管理	3-1　成本管理	3-1-1　能根据成本核算出品价格	（1）主料、辅料、调料成本核算 （2）餐饮出品成本核算 （3）餐饮出品定价
	3-2　服务质量管理	3-2-1　能处理餐饮服务中菜品质量、服务态度等问题	（1）常见餐饮服务中菜品质量问题的处理 （2）常见餐饮服务态度问题的处理
		3-2-2　能制定服务项目考核标准	（1）餐前准备服务标准的制定 （2）迎宾服务标准的制定 （3）点菜服务标准的制定 （4）传菜服务标准的制定 （5）餐间服务标准的制定 （6）餐后结账送客服务标准的制定
	3-3　营销管理	3-3-1　能制定餐厅主题活动营销方案	（1）餐厅主题活动营销方案的制定
4．培训指导	4-1　专业培训	4-1-1　能编写培训教案	（1）培训教案的编写
		4-1-2　能对初、中、高级餐厅服务员进行培训	（1）培训的组织与教学
	4-2　技能指导	4-2-1　能对初、中、高级餐厅服务员进行技能指导	（1）技能指导的组织及效果评定

2.1.6 高级技师职业技能培训要求

职业功能模块	培训内容	技能目标	培训细目
1．餐前准备	1-1 菜单设计	1-1-1 能设计中西餐宴会菜单	（1）中餐宴会菜单设计 （2）西餐宴会菜单设计
	1-2 就餐环境设计布置	1-2-1 能设计布置大型鸡尾酒会环境	（1）大型鸡尾酒会环境设计 （2）大型鸡尾酒会环境布置
		1-2-2 能设计布置大型冷餐会环境	（1）大型冷餐会环境设计 （2）大型冷餐会环境布置
		1-2-3 能设计布置大型茶话会环境	（1）大型茶话会环境设计 （2）大型茶话会环境布置
	1-3 餐台设计布置	1-3-1 能设计和布置大型鸡尾酒会餐台	（1）大型鸡尾酒会台型设计及布置 （2）撰写大型鸡尾酒会台型设计方案
		1-3-2 能设计和布置大型冷餐会餐台	（1）冷餐会台型设计及布置 （2）撰写冷餐会台型设计方案 （3）大型冷餐会菜台设计
		1-3-3 能设计和布置大型茶话会餐台	（1）茶话会台型设计及布置 （2）撰写茶话会台型设计方案 （3）大型茶话会台面布置
2．餐厅管理	2-1 成本管理	2-1-1 能核算餐厅经营成本	（1）中餐厅经营成本核算 （2）西餐厅经营成本核算
	2-2 服务质量管理	2-2-1 能处理餐厅断电等特殊事件	（1）餐厅突发事件应急处理
		2-2-2 能分析、测量和改进服务产品	（1）餐厅服务质量督导 （2）餐厅服务质量的分析与改进
3．培训指导	3-1 专业培训	3-1-1 能编制新员工培训计划	（1）培训计划的制订
	3-2 技能指导	3-2-1 能对技师进行作业指导	（1）餐厅作业指导书的编制

2.2 课程规范

2.2.1 职业基本素质培训课程规范

<table>
<tr><th>模块</th><th>课程</th><th>学习单元</th><th>课程内容</th><th>培训建议</th><th>课堂学时</th></tr>
<tr><td rowspan="13">1．职业认知</td><td rowspan="2">1-1 职业认知</td><td rowspan="2">（1）职业认知</td><td>1）餐饮业简介
①餐饮业的定义
②餐饮服务的定义
③餐饮产品（有形产品、无形产品）</td><td rowspan="2">（1）方法：讲授法
（2）重点：餐饮产品
（3）难点：对餐饮产品中的无形产品的理解与掌握</td><td rowspan="2">1</td></tr>
<tr><td>2）餐厅服务员的工作内容</td></tr>
<tr><td rowspan="3">1-2 职业道德基本知识</td><td rowspan="3">（1）道德与职业道德</td><td>1）道德</td><td rowspan="3">（1）方法：讲授法、案例教学法
（2）重点：餐饮服务人员的职业道德规范
（3）难点：餐饮服务人员职业道德规范的养成与实践</td><td rowspan="3">2</td></tr>
<tr><td>2）职业道德</td></tr>
<tr><td>3）餐饮服务人员的职业道德规范</td></tr>
<tr><td rowspan="8">1-3 职业守则</td><td rowspan="8">（1）职业守则</td><td>1）热情友好，宾客至上</td><td rowspan="8">（1）方法：讲授法、案例教学法
（2）重点与难点：餐厅服务员的职业守则</td><td rowspan="8">1</td></tr>
<tr><td>2）真诚公道，信誉第一</td></tr>
<tr><td>3）文明礼貌，优质服务</td></tr>
<tr><td>4）安全卫生，出品优良</td></tr>
<tr><td>5）团结协作，顾全大局</td></tr>
<tr><td>6）遵纪守法，廉洁奉公</td></tr>
<tr><td>7）培智精技，学而不厌</td></tr>
<tr><td>8）平等待客，一视同仁</td></tr>
</table>

续表

<table>
<tr><th>模块</th><th>课程</th><th>学习单元</th><th>课程内容</th><th>培训建议</th><th>课堂学时</th></tr>
<tr><td rowspan="15">2．餐厅服务礼仪</td><td rowspan="9">2–1　餐厅礼貌服务基础知识及相关要求与规范</td><td rowspan="2">（1）餐厅礼貌服务</td><td>1）礼貌、礼节、礼仪概念</td><td rowspan="2">（1）方法：讲授法、讨论法
（2）重点与难点：餐厅服务礼仪的概念及礼貌、礼节、礼仪三者的关系</td><td rowspan="2">1</td></tr>
<tr><td>2）餐厅服务礼仪的概念和功能</td></tr>
<tr><td rowspan="4">（2）仪容、仪表、仪态要求</td><td>1）仪容、仪表要求</td><td rowspan="4">（1）方法：讲授法、观摩法
（2）重点与难点：养成良好的仪容、仪表、仪态习惯</td><td rowspan="4">2</td></tr>
<tr><td>2）个人卫生要求</td></tr>
<tr><td>3）微笑服务</td></tr>
<tr><td>4）仪态要求
①站姿
②坐姿
③行走
④引领
⑤鞠躬
⑥蹲姿</td></tr>
<tr><td rowspan="2">（3）餐厅服务礼仪规范</td><td>1）餐厅领位服务礼仪规范</td><td rowspan="2">（1）方法：讲授法、演示法、实训法
（2）重点与难点：领位、值台服务礼仪</td><td rowspan="2">1</td></tr>
<tr><td>2）餐厅值台服务礼仪规范</td></tr>
<tr></tr>
<tr><td rowspan="6">2–2　餐厅服务语言艺术</td><td rowspan="3">（1）餐厅服务语言及运用</td><td>1）餐厅服务用语要求</td><td rowspan="3">（1）方法：讲授法、情景表演法、角色扮演法
（2）重点与难点：餐厅服务用语要求</td><td rowspan="3">2</td></tr>
<tr><td>2）餐厅服务语言的分类</td></tr>
<tr><td>3）常用礼貌用语及忌语</td></tr>
<tr><td rowspan="3">（2）与顾客有效沟通</td><td>1）有效沟通技巧</td><td rowspan="3">（1）方法：讲授法、情景表演法
（2）重点与难点：电话沟通</td><td rowspan="3">2</td></tr>
<tr><td>2）倾听</td></tr>
<tr><td>3）电话沟通</td></tr>
</table>

续表

<table>
<tr><th>模块</th><th>课程</th><th>学习单元</th><th>课程内容</th><th>培训建议</th><th>课堂学时</th></tr>
<tr><td rowspan="4">2．餐厅服务礼仪</td><td rowspan="4">2–3　用餐礼仪与饮食习俗</td><td rowspan="2">（1）用餐礼仪</td><td>1）中餐用餐礼仪</td><td rowspan="2">（1）方法：讲授法、情景表演法
（2）重点与难点：西餐用餐礼仪</td><td rowspan="2">1</td></tr>
<tr><td>2）西餐用餐礼仪</td></tr>
<tr><td rowspan="2">（2）饮食习俗</td><td>1）我国饮食习俗</td><td rowspan="2">（1）方法：讲授法、案例教学法
（2）重点与难点：我国饮食习俗</td><td rowspan="2">2</td></tr>
<tr><td>2）主要客源国饮食习俗</td></tr>
<tr><td rowspan="8">3．餐厅服务心理与人际沟通</td><td rowspan="4">3–1　餐厅服务心理</td><td rowspan="4">（1）餐厅服务心理</td><td>1）餐厅服务心理的概念</td><td rowspan="4">（1）方法：讲授法、案例教学法
（2）重点与难点：不同类型顾客的消费心理与接待策略</td><td rowspan="4">4</td></tr>
<tr><td>2）餐厅服务心理的内容</td></tr>
<tr><td>3）顾客餐饮消费心理需求</td></tr>
<tr><td>4）不同类型顾客的接待</td></tr>
<tr><td rowspan="4">3–2　人际沟通</td><td>（1）餐厅人际沟通的基本原则</td><td>1）餐厅人际沟通的基本原则
①诚实守信
②情深意重
③双向沟通
④互惠互利
⑤互相尊重
⑥树立自身形象</td><td>（1）方法：讲授法、案例教学法
（2）重点与难点：餐厅人际沟通的基本原则</td><td>1</td></tr>
<tr><td rowspan="3">（2）餐厅人际沟通的基本技巧</td><td>1）初次交往技巧</td><td rowspan="3">（1）方法：讲授法、案例教学法、角色扮演法
（2）重点与难点：餐厅人际沟通的基本技巧</td><td rowspan="3">2</td></tr>
<tr><td>2）交谈技巧</td></tr>
<tr><td>3）非语言技巧</td></tr>
</table>

续表

<table>
<tr><th>模块</th><th>课程</th><th>学习单元</th><th>课程内容</th><th>培训建议</th><th>课堂学时</th></tr>
<tr><td rowspan="10">4．饮食营养</td><td rowspan="5">4–1　能量与营养素、水和膳食纤维</td><td rowspan="5">（1）能量、宏量营养素、微量营养素、水和膳食纤维</td><td>1）能量的供给、消耗和食物来源</td><td rowspan="5">（1）方法：讲授法
（2）重点与难点：各种营养素的食物来源</td><td rowspan="5">2</td></tr>
<tr><td>2）宏量营养素的概念、生理功能和食物来源</td></tr>
<tr><td>3）微量营养素的概念、生理功能和食物来源</td></tr>
<tr><td>4）水的概念、生理功能和食物来源</td></tr>
<tr><td>5）膳食纤维的概念、生理功能和食物来源</td></tr>
<tr><td rowspan="5">4–2　平衡膳食</td><td rowspan="5">（1）平衡膳食</td><td>1）平衡膳食概念</td><td rowspan="5">（1）方法：讲授法
（2）重点与难点：中国居民膳食平衡指南与膳食宝塔</td><td rowspan="5">2</td></tr>
<tr><td>2）平衡膳食要求</td></tr>
<tr><td>3）中国居民平衡膳食指南</td></tr>
<tr><td>4）中国居民平衡膳食宝塔</td></tr>
<tr><td>5）膳食结构
①动植物食物平衡的膳食结构
②以植物性食物为主的膳食结构
③以动物性食物为主的膳食结构
④地中海膳食结构</td></tr>
</table>

续表

模块	课程	学习单元	课程内容	培训建议	课堂学时
5．饮食卫生	5-1　食品卫生质量鉴别	（1）食品卫生基础知识与食品卫生质量鉴别方法	1）食品卫生基本知识 ①食品卫生的概念 ②煮沸消毒的方法及适用范围 ③紫外线消毒的方法及适用范围 ④洗涤消毒剂的配制方法	（1）方法：讲授法 （2）重点与难点：食品腐败变质的感官鉴别	1
			2）食品卫生质量鉴别方法 ①食品腐败变质的感官鉴别 ②食品货架期的识别 ③掺杂食品鉴别 ④伪造食品鉴别		
	5-2　食品污染和食物中毒	（1）食品污染及食物中毒	1）生物污染及其防治 ①食品生物污染（细菌、霉菌与霉菌毒素）及其防治 ②食品化学性污染及其防治 ③食品物理性污染及其防治	（1）方法：讲授法 （2）重点与难点：食品污染及防治；食物中毒的分类及其特点	2
			2）食物中毒 ①食物中毒的概念、特点、分类 ②细菌性食物中毒 ③有毒动植物中毒 ④化学性食物中毒		

续表

模块	课程	学习单元	课程内容	培训建议	课堂学时
5．饮食卫生	5-3　餐饮企业卫生管理要求	（1）餐厅环境卫生和餐厅服务员个人卫生	1）餐厅环境卫生 ①餐厅服务工作区域卫生要求 ②食物、餐具储存场所卫生要求 ③卫生间的卫生要求	（1）方法：讲授法、观摩法 （2）重点与难点：餐厅个人卫生要求及餐厅设施的卫生要求	1
5．饮食卫生	5-3　餐饮企业卫生管理要求	（1）餐厅环境卫生和餐厅服务员个人卫生	2）餐厅服务员个人卫生 ①个人卫生标准 ②洗手的正确方法	（1）方法：讲授法、观摩法 （2）重点与难点：餐厅个人卫生要求及餐厅设施的卫生要求	1
5．饮食卫生	5-3　餐饮企业卫生管理要求	（2）餐用具、棉织品和饮水的卫生	1）餐具的洗涤和消毒	（1）方法：讲授法 （2）重点与难点：餐用具、棉织品的消毒方法	1
5．饮食卫生	5-3　餐饮企业卫生管理要求	（2）餐用具、棉织品和饮水的卫生	2）餐厅棉织品洗涤和消毒	（1）方法：讲授法 （2）重点与难点：餐用具、棉织品的消毒方法	1
5．饮食卫生	5-3　餐饮企业卫生管理要求	（2）餐用具、棉织品和饮水的卫生	3）饮水卫生 ①饮用水来源符合卫生要求 ②饮用水加工符合卫生要求 ③饮用水感官性状良好	（1）方法：讲授法 （2）重点与难点：餐用具、棉织品的消毒方法	1
6．餐厅安全知识	6-1　公共场所安全知识	（1）治安管理和消防常识	1）治安管理知识 ①餐厅常见违法犯罪行为 ②餐厅常见违法犯罪行为的预防和应对	（1）方法：讲授法、案例教学法、模拟操作法 （2）重点：餐厅常见突发事件的防范与应急处理 （3）难点：常用灭火器材使用方法	1
6．餐厅安全知识	6-1　公共场所安全知识	（1）治安管理和消防常识	2）消防常识 ①防火、灭火的基本知识 ②常用灭火器材使用方法	（1）方法：讲授法、案例教学法、模拟操作法 （2）重点：餐厅常见突发事件的防范与应急处理 （3）难点：常用灭火器材使用方法	1

续表

<table>
<tr><th>模块</th><th>课程</th><th>学习单元</th><th>课程内容</th><th>培训建议</th><th>课堂学时</th></tr>
<tr><td rowspan="7">6．餐厅安全知识</td><td rowspan="7">6–2　餐厅安全知识</td><td rowspan="5">（1）操作安全隐患防范</td><td>1）安全用电</td><td rowspan="5">（1）方法：讲授法、案例教学法
（2）重点与难点：安全用电、用火，防意外</td><td rowspan="5">1</td></tr>
<tr><td>2）安全用火</td></tr>
<tr><td>3）防爆</td></tr>
<tr><td>4）防烫伤</td></tr>
<tr><td>5）防意外</td></tr>
<tr><td rowspan="2">（2）财产和环境安全隐患防范</td><td>1）财产安全隐患防范
①餐厅财产安全
②顾客财产安全</td><td rowspan="2">（1）方法：讲授法、案例教学法
（2）重点与难点：财产和环境安全隐患防范</td><td rowspan="2">1</td></tr>
<tr><td>2）环境安全隐患防范
①空间环境
②通风照明</td></tr>
<tr><td rowspan="3">7．相关法律法规知识</td><td rowspan="3">7–1　相关法律法规知识</td><td rowspan="3">（1）相关法律法规知识</td><td>1）《中华人民共和国劳动法》
①工作时间和休息休假
②工资
③劳动安全卫生
④女职工和未成年工特殊保护
⑤社会保险和福利
⑥劳动争议</td><td rowspan="3">（1）方法：讲授法、案例教学法
（2）重点与难点：对与餐厅服务员相关的法律知识的理解与掌握</td><td rowspan="3">2</td></tr>
<tr><td>2）《中华人民共和国劳动合同法》
①劳动合同的订立
②无固定期限劳动合同
③试用期
④劳动合同的履行
⑤劳动合同的解除</td></tr>
<tr><td>3）《中华人民共和国消费者权益保护法》
①消费者的权益
②经营者的权益</td></tr>
</table>

续表

模块	课程	学习单元	课程内容	培训建议	课堂学时
7. 相关法律法规知识	7–1 相关法律法规知识	(1) 相关法律法规知识	4)《中华人民共和国食品安全法》 ①食品安全标准 ②食品生产经营 ③食品安全事故处置 ④监督管理 ⑤法律责任		
			5)《中华人民共和国消防法》 ①消防工作的监督管理 ②单位和个人的消防义务		
课堂学时合计					36

2.2.2 初级职业技能培训课程规范

模块	课程	学习单元	课程内容	培训建议	课堂学时
1. 餐前准备	1–1 个人、物品及环境准备	(1) 个人、物品及环境准备	1) 个人准备 ①个人仪容仪表检查的项目和要求 ②个人仪容仪表自查与互查方法 ③接受并熟悉当天个人工作任务	(1) 方法：讲授法、项目教学法 (2) 重点：个人仪容仪表准备与自查 (3) 难点：个人仪容仪表自查	2
			2) 物品准备 ①餐厅物品的检查项目和要求 ②餐厅物品数量及质量岗前检查方法		

续表

模块	课程	学习单元	课程内容	培训建议	课堂学时
1．餐前准备	1-1　个人、物品及环境准备	（1）个人、物品及环境准备	3）餐厅环境准备 ①餐厅环境检查项目和要求 ②餐厅环境问题处理		
	1-2　托盘	（1）托盘的种类及用途	1）托盘的种类及用途	（1）方法：讲授法 （2）重点与难点：托盘的选择	1
		（2）托盘的方法与要求	1）托盘的方法	（1）方法：讲授法、演示法、实训法 （2）重点：托盘的操作要领 （3）难点：托盘的操作安全	6
			2）托盘的要求		
	1-3　摆台	（1）中餐便餐台铺台布	1）餐台特点及规格	（1）方法：讲授法、演示法、实训法 （2）重点：铺台方法的掌握 （3）难点：一次性定位	6
			2）台布介绍		
			3）铺台布的方法		
		（2）中餐便餐台的餐用具摆放	1）餐、用具摆放方法和要求	（1）方法：项目教学法 （2）重点：餐、用具的摆放标准 （3）难点：餐、用具的准确定位	5
			2）装饰物摆放		
		（3）餐椅摆放	1）餐台围椅	（1）方法：讲授法、演示法 （2）重点与难点：围椅的效果把握	1
	1-4　餐巾折花	（1）餐巾折叠基本方法	1）餐巾及餐巾花的种类与特点	（1）方法：讲授法、演示法 （2）重点与难点：餐巾折花的基本手法	2
			2）餐巾折花基本手法		
		（2）餐巾花折叠及摆放	1）餐巾折花注意事项	（1）方法：实物示教法、实训法 （2）重点：餐巾花的准确折法 （3）难点：餐巾折叠造型效果	9
			2）10种杯花、5种盘花的折叠方法		
			3）餐巾花的摆放要求		

续表

模块	课程	学习单元	课程内容	培训建议	课堂学时
2. 接待服务	2-1 礼仪接待	（1）中餐迎宾引位服务	1）迎宾礼仪 2）迎宾程序 3）引位入座要领 4）特殊人群引位入座的注意事项	（1）方法：讲授法、角色扮演法、情景表演法 （2）重点：引位入座的要领 （3）难点：特殊人群引位入座的注意事项	2
	2-2 出品介绍	（1）介绍中餐菜品	1）中餐菜品原材料名称、种类及特点 2）中餐加工及烹饪方法 3）中餐主要菜系特点 4）中餐菜品命名方法 5）中餐菜品介绍技巧	（1）方法：讲授法、情景表演法 （2）重点：中餐菜品的介绍技巧 （3）难点：中餐菜品的烹饪方法	4
		（2）介绍中国酒	1）中国酒的分类及特点 2）常见中国酒特点及饮用方法 3）酒水介绍技巧	（1）方法：讲授法 （2）重点：酒水介绍的步骤与注意事项 （3）难点：酒水的介绍技巧	4
		（3）介绍非酒精饮料	1）常见非酒精饮料特点及饮用方法 2）饮料介绍技巧	（1）方法：讲授法 （2）重点与难点：常见饮料的特点及介绍技巧	2
	2-3 点菜服务	（1）菜品常识	1）菜品品种及特点 2）中餐菜单介绍	（1）方法：讲授法 （2）重点：菜品品种及特点 （3）难点：中餐菜单结构	4
		（2）中餐点菜服务	1）中餐点菜服务基本程序 2）中餐菜品推销及服务技巧 3）电子点菜系统的使用	（1）方法：讲授法、情景表演法 （2）重点：点菜服务方法 （3）难点：满足宾客的需求与销售技巧	4

续表

<table>
<tr><th>模块</th><th>课程</th><th>学习单元</th><th>课程内容</th><th>培训建议</th><th>课堂学时</th></tr>
<tr><td rowspan="2">2．接待服务</td><td rowspan="2">2–3 点菜服务</td><td rowspan="2">（3）中餐点酒水服务</td><td>1）点酒水服务基本程序</td><td rowspan="2">（1）方法：讲授法、情景表演法
（2）重点：点酒服务方法
（3）难点：满足宾客的需求与销售技巧</td><td rowspan="2">2</td></tr>
<tr><td>2）酒水推销和服务技巧</td></tr>
<tr><td rowspan="13">3．餐间服务</td><td rowspan="12">3–1 上菜服务</td><td rowspan="3">（1）传菜服务</td><td>1）传菜要求</td><td rowspan="3">（1）方法：项目教学法
（2）重点与难点：传菜要领</td><td rowspan="3">1</td></tr>
<tr><td>2）传菜流程</td></tr>
<tr><td>3）传菜要领</td></tr>
<tr><td rowspan="7">（2）一般菜品上菜</td><td>1）中餐上菜流程</td><td rowspan="7">（1）方法：项目教学法
（2）重点与难点：上菜服务流程及上菜时机的把握</td><td rowspan="7">4</td></tr>
<tr><td>2）中餐上菜要领</td></tr>
<tr><td>3）中餐上菜位置</td></tr>
<tr><td>4）上菜时机</td></tr>
<tr><td>5）菜品摆放</td></tr>
<tr><td>6）报菜名</td></tr>
<tr><td>7）灵活介绍菜品</td></tr>
<tr><td rowspan="2">（3）特殊菜品上菜</td><td>1）特殊菜品知识</td><td rowspan="2">（1）方法：讲授法、观摩法
（2）重点与难点：特殊菜品上菜服务需注意的细节</td><td rowspan="2">2</td></tr>
<tr><td>2）特殊菜品上菜服务</td></tr>
<tr><td>3–2 酒水服务</td><td>（1）根据酒水选用酒杯</td><td>1）选择酒杯、酒具
①白酒
②啤酒
③饮料</td><td>（1）方法：讲授法、演示法、实训法
（2）重点与难点：正确选择酒杯、酒具</td><td>2</td></tr>
</table>

续表

<table>
<tr><th>模块</th><th>课程</th><th>学习单元</th><th>课程内容</th><th>培训建议</th><th>课堂学时</th></tr>
<tr><td rowspan="9">3．餐间服务</td><td rowspan="6">3-2 酒水服务</td><td rowspan="2">（2）开启各类酒水</td><td>1）展示酒水</td><td rowspan="2">（1）方法：讲授法、演示法、实训法
（2）重点与难点：正确展示和开启酒水</td><td rowspan="2">4</td></tr>
<tr><td>2）开启酒水
①白酒
②啤酒
③饮料</td></tr>
<tr><td rowspan="4">（3）徒手斟酒水</td><td>1）斟酒姿势与站位</td><td rowspan="4">（1）方法：讲授法、演示法、实训法
（2）重点与难点：斟酒时机把握及斟酒标准</td><td rowspan="4">6</td></tr>
<tr><td>2）斟酒标准</td></tr>
<tr><td>3）斟酒时机</td></tr>
<tr><td>4）徒手斟酒</td></tr>
<tr><td rowspan="3">3-3 撤换餐用具</td><td rowspan="3">（1）撤换餐用具</td><td>1）时机把握</td><td rowspan="3">（1）方法：讲授法、演示法、实训法
（2）重点：撤换餐用具的注意事项
（3）难点：撤换餐用具的时机把握</td><td rowspan="3">2</td></tr>
<tr><td>2）位置</td></tr>
<tr><td>3）注意事项</td></tr>
<tr><td rowspan="6">4．餐后服务</td><td rowspan="2">4-1 送客服务</td><td rowspan="2">（1）宾客离席及送客</td><td>1）宾客离席及送客服务</td><td rowspan="2">（1）方法：讲授法、角色扮演法
（2）重点与难点：礼貌送客</td><td rowspan="2">2</td></tr>
<tr><td>2）注意事项</td></tr>
<tr><td rowspan="4">4-2 清理餐桌</td><td rowspan="2">（1）餐后收台</td><td>1）收台顺序</td><td rowspan="2">（1）方法：讲授法、实训法
（2）重点与难点：收台的顺序及注意事项</td><td rowspan="2">2</td></tr>
<tr><td>2）收台要求</td></tr>
<tr><td rowspan="2">（2）清洁台面</td><td>1）台面擦拭</td><td rowspan="2">（1）方法：讲授法、演示法
（2）重点与难点：台面清洁的要求</td><td rowspan="2">1</td></tr>
<tr><td>2）台面消毒</td></tr>
<tr><td colspan="5">课堂学时合计</td><td>80</td></tr>
</table>

2.2.3 中级职业技能培训课程规范

模块	课程	学习单元	课程内容	培训建议	课堂学时
1．餐前准备	1-1 摆台	（1）西餐便餐台摆台	1）西餐便餐台种类、特点	（1）方法：项目教学法、实训法 （2）重点与难点：西餐便餐台摆台标准及要求	4
			2）西餐便餐台铺台布要求与方法		
			3）西餐便餐台摆放 ①早餐台的餐用具摆放 ②午餐台的餐用具摆放 ③晚餐台的餐用具的摆放		
		（2）中餐宴会摆台	1）中餐宴会概述	（1）方法：讲授法、项目教学法、实训法 （2）重点与难点：中餐宴会餐台特点及摆台标准与要求	12
			2）中餐宴会餐台特点		
			3）中餐宴会摆台标准与要求		
		（3）自助餐摆台	1）自助餐介绍	（1）方法：讲授法 （2）重点与难点：自助餐摆台要求	2
			2）自助餐摆台要求		
		（4）会议摆台	1）会议服务介绍	（1）方法：讲授法、项目教学法 （2）重点与难点：会议摆台要求	1
			2）会议台型布局		
			3）会议摆台要求		
	1-2 餐巾折花	（1）20种杯花折叠	1）20种杯花折叠	（1）方法：实物示教法、实训法 （2）重点与难点：熟练折叠，一次折叠成型	8

续表

模块	课程	学习单元	课程内容	培训建议	课堂学时
1. 餐前准备	1–2 餐巾折花	（2）5种盘花折叠	1）5种盘花折叠	（1）方法：实物示教法、实训法 （2）重点与难点：熟练折叠，确保盘花造型的美观	4
		（3）宴会台面餐巾花选择和摆放	1）宴会台面餐巾花要求	（1）方法：讲授法、演示法 （2）重点与难点：宴会台面餐巾花的选择与正确摆放	1
			2）根据宴会台面选择和摆放餐巾花		
2. 接待服务	2–1 礼仪接待	（1）餐位安排	1）判断宾客类型 ①按年龄、性格、消费类型、消费目的及国别分类 ②按宗教信仰分类等	（1）方法：讲授法 （2）重点与难点：中餐宴会餐位安排	2
			2）中餐宴会餐位安排		
	2–2 出品介绍	（1）介绍西餐菜品	1）西餐菜品原材料种类、特点及菜品命名	（1）方法：讲授法、实训法 （2）重点与难点：西餐菜品介绍要求	4
			2）西餐菜品加工及烹饪方法		
		（2）介绍菜品典故	1）介绍经典菜品的典故	（1）方法：讲授法 （2）重点与难点：了解和掌握菜品典故	2
		（3）介绍菜品营养特点	1）中餐菜品的营养特点	（1）方法：讲授法 （2）重点与难点：菜品营养特点	4
			2）西餐菜品的营养特点		
		（4）介绍外国酒	1）外国酒的分类和特点	（1）方法：讲授法 （2）重点与难点：外国酒的特点及饮用方法	2
			2）外国酒的饮用方法		

续表

模块	课程	学习单元	课程内容	培训建议	课堂学时
2．接待服务	2–3 点菜服务	(1) 西餐点菜服务	1）西餐菜品种类及特点	(1) 方法：项目教学法、实训法 (2) 重点：西餐点菜服务流程与标准 (3) 难点：西餐菜品销售技巧	4
			2）西餐点菜服务程序		
			3）西餐菜品销售技巧		
		(2) 西餐点酒水服务	1）西餐点酒水服务程序	(1) 方法：讲授法、情景表演法 (2) 重点与难点：西餐点酒水服务程序	3
			2）西餐餐酒搭配常识		
3．餐间服务	3–1 西餐上菜服务	(1) 西餐上菜	1）西式早餐上菜服务程序	(1) 方法：讲授法、实训法 (2) 重点与难点：西餐上菜服务要求及上菜时机把握	4
			2）咖啡厅正餐服务程序		
	3–2 自助餐服务	(1) 自助餐服务	1）自助餐菜台服务	(1) 方法：讲授法 (2) 重点与难点：自助餐菜台服务	2
			2）自助餐餐台服务		
	3–3 分菜服务	(1) 中餐分菜服务	1）中餐分菜工具及其使用 ①服务叉勺 ②公用勺、公用筷 ③长把汤勺	(1) 方法：讲授法 (2) 重点与难点：中餐分菜服务基本原则及方法	4
			2）中餐分菜基本原则和方法 ①餐位分菜法 ②转台分菜法 ③服务桌分菜法		
	3–4 酒水服务	(1) 黄酒侍酒服务	1）准备黄酒酒具	(1) 方法：讲授法、演示法 (2) 重点与难点：黄酒侍酒服务准备	2
			2）开酒		
			3）温酒		
			4）斟酒		

续表

模块	课程	学习单元	课程内容	培训建议	课堂学时
3．餐间服务	3–5 撤换餐具	（1）餐具撤换与调整	1）餐具与菜品搭配原则	（1）方法：讲授法 （2）重点与难点：撤换、调整餐具的方法	2
			2）撤换、调整餐具的方法		
			3）自助餐餐具撤换时机把握		
4．餐后服务	4–1 结账服务	（1）结账收银	1）餐厅结账方式 ①现金结账 ②信用卡结账 ③支票结账 ④电子支付（微信、支付宝等）	（1）方法：讲授法、案例教学法、角色扮演法 （2）重点：准确、快捷结账服务 （3）难点：支票结账注意事项	2
			2）餐厅结账程序		
	4–2 送客服务	（1）送客服务	1）提醒客人带好随身携带物品	（1）方法：讲授法、案例教学法 （2）重点与难点：礼貌送客	1
			2）礼貌致谢、送客		
			3）邀请客人再次光临		
	4–3 酒具保洁	（1）清洁、消毒酒具	1）清洁酒具 ①清洁剂的选用和配制 ②清洁的方法	（1）方法：讲授法 （2）重点与难点：正确选用洗涤剂	2
			2）消毒酒具 ①瓷酒具消毒（消毒剂选用、配制及消毒方法） ②玻璃酒具消毒（消毒剂选用、配制及消毒方法）		
课堂学时合计					72

2.2.4 高级职业技能培训课程规范

模块	课程	学习单元	课程内容	培训建议	课堂学时
1. 餐前准备	1–1 插花	(1) 插花准备	1) 插花艺术的特点和要求 2) 花材的选择及处理 3) 插花工具的使用 4) 选择花材的方法	(1) 方法：讲授法、实物示教法 (2) 重点与难点：花材的选择与处理	4
		(2) 插花基本程序与方法	1) 插花的基本方法 ①花材造型加工 ②花材固定	(1) 方法：讲授法、实物示教法、实训法 (2) 重点与难点：插花的基本方法	4
		(3) 中餐台面插花	1) 中餐厅常用的插花花型 2) 中餐宴会花台	(1) 方法：实物示教法、实训法 (2) 重点与难点：组合式插花	4
		(4) 西餐台面插花	1) 西餐厅常用的插花花型 2) 西餐宴会花台	(1) 方法：实物示教法、实训法 (2) 重点与难点：组合式插花	4
	1–2 摆台	(1) 中餐主题宴会摆台	1) 中餐主题宴会介绍 2) 常见中餐主题宴会摆台及要求 ①商务宴 ②生日宴 ③婚宴	(1) 方法：讲授法、案例教学法、实训法 (2) 重点与难点：主题宴会的台面特点	10

续表

模块	课程	学习单元	课程内容	培训建议	课堂学时
1．餐前准备	1–2　摆台	（2）西餐宴会摆台	1）西餐宴会的种类及特点 ①宴会 ②冷餐会 ③鸡尾酒会	（1）方法：讲授法、项目教学法、实训法 （2）重点与难点：西餐宴会摆台方法及要求	16
			2）西餐宴会餐具、酒具、用具介绍		
			3）西餐宴会台布铺设方法		
			4）西餐宴会摆台方法及要求		
2．接待服务	2–1　礼仪接待	（1）预订服务	1）散客预订	（1）方法：讲授法、案例教学法 （2）重点与难点：预订服务程序、内容及要求	2
			2）宴会、团队餐预订		
	2–2　出品介绍	（1）中餐宴会菜品组合特点	1）中餐宴会菜品组合原则	（1）方法：讲授法、项目教学法 （2）重点与难点：不同中餐主题宴会菜单的介绍	4
			2）中餐主题宴会菜单介绍		
		（2）西餐宴会菜品组合特点	1）西餐宴会菜品组合原则	（1）方法：讲授法、项目教学法 （2）重点与难点：不同西餐主题宴会菜单的介绍	4
			2）西餐主题宴会菜单介绍		

续表

<table>
<tr><th>模块</th><th>课程</th><th>学习单元</th><th>课程内容</th><th>培训建议</th><th>课堂学时</th></tr>
<tr><td rowspan="11">2．接待服务</td><td rowspan="11">2–3　茶艺服务</td><td rowspan="2">（1）红茶、绿茶、花茶简介</td><td>1）茶叶的种类及特点</td><td rowspan="2">（1）方法：讲授法、实物示教法
（2）重点与难点：不同种类茶叶的特点及识别</td><td rowspan="2">2</td></tr>
<tr><td>2）红茶、绿茶、花茶的识别</td></tr>
<tr><td rowspan="3">（2）红茶服务</td><td>1）红茶服务器具</td><td rowspan="3">（1）方法：讲授法、演示法、实物示教法
（2）重点与难点：红茶的冲泡方法</td><td rowspan="3">2</td></tr>
<tr><td>2）红茶的冲泡</td></tr>
<tr><td>3）红茶饮用注意事项</td></tr>
<tr><td rowspan="3">（3）绿茶服务</td><td>1）绿茶服务器具</td><td rowspan="3">（1）方法：讲授法、演示法、实物示教法
（2）重点与难点：绿茶的冲泡方法及注意事项</td><td rowspan="3">2</td></tr>
<tr><td>2）绿茶的冲泡</td></tr>
<tr><td>3）绿茶饮用注意事项</td></tr>
<tr><td rowspan="3">（4）花茶服务</td><td>1）花茶服务器具</td><td rowspan="3">（1）方法：讲授法、演示法、实物示教法
（2）重点与难点：花茶的冲泡方法</td><td rowspan="3">2</td></tr>
<tr><td>2）花茶的冲泡</td></tr>
<tr><td>3）花茶饮用注意事项</td></tr>
<tr><td rowspan="4">3．餐间服务</td><td rowspan="4">3–1　分菜服务</td><td rowspan="4">（1）整形菜分菜</td><td>1）整形菜的分类</td><td rowspan="4">（1）方法：讲授法、演示法、观摩法
（2）重点与难点：整形菜分菜服务标准及注意事项</td><td rowspan="4">3</td></tr>
<tr><td>2）整形菜的特点</td></tr>
<tr><td>3）整形菜分菜标准及要求</td></tr>
<tr><td>4）整形菜分菜注意事项</td></tr>
</table>

续表

<table>
<tr><th>模块</th><th>课程</th><th>学习单元</th><th>课程内容</th><th>培训建议</th><th>课堂学时</th></tr>
<tr><td rowspan="9">3．餐间服务</td><td rowspan="5">3-1　分菜服务</td><td rowspan="3">（2）特殊菜品服务</td><td>1）铁板类菜品分菜</td><td rowspan="3">（1）方法：讲授法、演示法、观摩法
（2）重点与难点：特殊菜分菜服务准备及要求</td><td rowspan="3">3</td></tr>
<tr><td>2）卷食类菜品分菜</td></tr>
<tr><td>3）拔丝类菜品服务</td></tr>
<tr><td rowspan="2">（3）西餐分菜服务</td><td>1）法式分菜服务</td><td rowspan="2">（1）方法：讲授法、演示法、观摩法
（2）重点与难点：法式、俄式分菜服务</td><td rowspan="2">4</td></tr>
<tr><td>2）俄式分菜服务</td></tr>
<tr><td rowspan="4">3-2　酒水服务</td><td rowspan="3">（1）葡萄酒侍酒服务</td><td>1）葡萄酒服务用具</td><td rowspan="3">（1）方法：项目教学法、实训法
（2）重点与难点：红葡萄酒侍酒服务、白葡萄酒侍酒服务</td><td rowspan="3">8</td></tr>
<tr><td>2）红葡萄酒侍酒服务
①示酒
②开酒
③服务酒水</td></tr>
<tr><td>3）白葡萄酒侍酒服务</td></tr>
<tr><td>（2）汽酒侍酒服务</td><td>1）汽酒服务用具
2）汽酒的开启
3）汽酒侍酒服务</td><td>（1）方法：项目教学法、实训法
（2）重点与难点：汽酒侍酒服务准备及开启</td><td>2</td></tr>
<tr><td>4．餐厅管理</td><td>4-1　酒水管理</td><td>（1）酒水质量感官鉴别</td><td>1）酒水质量感官鉴别的一般方法
①外观鉴别
②气味鉴别
③滋味鉴别
④酒度鉴别</td><td>（1）方法：讲授法、案例教学法
（2）重点与难点：酒水质量的感官鉴别</td><td>1</td></tr>
</table>

续表

<table>
<tr><th>模块</th><th>课程</th><th>学习单元</th><th>课程内容</th><th>培训建议</th><th>课堂学时</th></tr>
<tr><td rowspan="9">4. 餐厅管理</td><td rowspan="6">4-1 酒水管理</td><td rowspan="6">（2）酒水的储藏及出入库</td><td>1）白酒的储藏</td><td rowspan="6">（1）方法：讲授法
（2）重点与难点：酒水的储藏方法和酒水出入库工作流程</td><td rowspan="6">1</td></tr>
<tr><td>2）啤酒的储藏</td></tr>
<tr><td>3）黄酒的储藏</td></tr>
<tr><td>4）汽酒的储藏</td></tr>
<tr><td>5）葡萄酒的储藏</td></tr>
<tr><td>6）酒水出入库手续</td></tr>
<tr><td rowspan="3">4-2 器皿管理</td><td rowspan="3">（1）高档餐酒具及装饰器皿的清洁、保养与储存</td><td>1）水晶高档餐酒具、装饰器皿的清洁、保养与储存
①水晶制品的特点
②清洁、保养与储存</td><td rowspan="3">（1）方法：讲授法、案例教学法
（2）重点与难点：水晶、金银等餐酒具及装饰器皿的保养</td><td rowspan="3">2</td></tr>
<tr><td>2）金银餐酒具及装饰器皿的清洁、保养与储存
①金银制品的特点
②清洁、保养与储存</td></tr>
<tr><td>3）玉雕装饰器皿的清洁、保养与储存
①玉雕制品的特点
②清洁、保养与储存</td></tr>
</table>

续表

模块	课程	学习单元	课程内容	培训建议	课堂学时
4．餐厅管理	4–3　服务质量管理	（1）餐厅管理基础知识	1）服务质量管理基本知识 ①服务质量管理的定义 ②服务质量管理的内容 ③餐前例会流程及内容	（1）方法：讲授法、案例教学法 （2）重点与难点：餐前例会，餐台布局与摆放缺陷的判别	2
		（2）服务流程、服务规范等质量问题的纠正	1）餐厅服务规范化管理和过程管理	（1）方法：讲授法、案例教学法 （2）重点与难点：不符合服务流程、服务规范与标准的质量问题的补救	4
			2）服务流程和服务规范常见质量问题的补救		
			3）餐饮服务中特殊问题的处理案例分析		
课堂学时合计					90

2.2.5　技师职业技能培训课程规范

模块	课程	学习单元	课程内容	培训建议	课堂学时
1．餐前准备	1–1　就餐环境设计与布置	（1）主题宴会的环境要求	1）宴会环境类别	（1）方法：讲授法、案例教学法、讨论法 （2）重点与难点：不同中西餐主题宴会环境的要求及特点	3
			2）婚宴环境要求		
			3）生日宴环境要求		
			4）商务宴会环境要求		
			5）庆祝类宴会环境要求		
			6）答谢宴会环境要求		

续表

<table>
<tr><th>模块</th><th>课程</th><th>学习单元</th><th>课程内容</th><th>培训建议</th><th>课堂学时</th></tr>
<tr><td rowspan="20">1．餐前准备</td><td rowspan="12">1-1　就餐环境设计与布置</td><td rowspan="8">（2）主题宴会环境设计</td><td>1）宴会环境设计原则</td><td rowspan="8">（1）方法：讲授法、案例教学法、讨论法
（2）重点与难点：通过宴会环境的设计突出宴会的主题</td><td rowspan="8">3</td></tr>
<tr><td>2）色彩设计</td></tr>
<tr><td>3）灯光设计</td></tr>
<tr><td>4）地面、墙面、天花板设计</td></tr>
<tr><td>5）背景音乐设计</td></tr>
<tr><td>6）温湿度设置</td></tr>
<tr><td>7）微缩景观设计</td></tr>
<tr><td>8）绿植设计</td></tr>
<tr><td rowspan="4">（3）主题宴会环境布置</td><td>1）布置要求</td><td rowspan="4">（1）方法：项目教学法
（2）重点与难点：中西餐主题宴会环境布置的要求及方法</td><td rowspan="4">4</td></tr>
<tr><td>2）布置步骤</td></tr>
<tr><td>3）布置方法</td></tr>
<tr><td>4）布置注意事项</td></tr>
<tr><td rowspan="8">1-2　餐台设计与布置</td><td rowspan="3">（1）主题宴会餐台设计要求与依据</td><td>1）主题宴会餐台特点</td><td rowspan="3">（1）方法：讲授法、案例教学法
（2）重点与难点：主题宴会餐台设计的要求及特点</td><td rowspan="3">2</td></tr>
<tr><td>2）主题宴会餐台设计依据</td></tr>
<tr><td>3）主题宴会餐台设计要求</td></tr>
<tr><td rowspan="5">（2）主题宴会餐台设计内容与方法</td><td>1）台型设计与布置</td><td rowspan="5">（1）方法：讲授法、案例教学法
（2）重点与难点：通过宴会餐台设计突出宴会的主题</td><td rowspan="5">4</td></tr>
<tr><td>2）席位设计与布置</td></tr>
<tr><td>3）台布、台裙设计与布置</td></tr>
<tr><td>4）餐台中央装饰设计与布置</td></tr>
<tr><td>5）餐巾花设计与布置</td></tr>
</table>

续表

模块	课程	学习单元	课程内容	培训建议	课堂学时
1．餐前准备	1-2　餐台设计与布置	（2）主题宴会餐台设计内容与方法	6）餐酒具选择与搭配		
			7）餐椅的装饰设计		
			8）菜单的设计与陈列		
			9）台号、席位卡等小件装饰品的设计与布置		
			10）斟酒的顺序与分量		
		（3）典型主题宴会餐台设计与布置	1）婚宴餐台设计	（1）方法：项目教学法 （2）重点与难点：主题宴会餐台设计与布置的要求及内容	4
			2）生日宴会餐台设计		
			3）商务宴会餐台设计		
	1-3　服务规程设计	（1）宴会服务程序编制	1）宴会服务程序内容	（1）方法：讲授法、案例教学法 （2）重点与难点：宴会服务流程的设计与编制	4
			2）宴会服务程序编制要求		
			3）宴会服务程序编制方法		
		（2）宴会服务人员分工	1）宴会服务人员数量预计及其分工	（1）方法：讲授法、案例教学法 （2）重点与难点：宴会服务人员的分工	1
		（3）宴会服务工作计划	1）宴会服务工作计划制订方法	（1）方法：讲授法、案例教学法 （2）重点与难点：宴会服务工作计划的制订	2
			2）宴会服务工作进度安排		
			3）服务人员职责与工作区域划分		

续表

模块	课程	学习单元	课程内容	培训建议	课堂学时
1．餐前准备	1-3 服务规程设计	(4) 安排宴会服务人员培训	1) 宴会服务人员培训内容 2) 宴会服务人员培训方法	(1) 方法：讲授法、案例教学法 (2) 重点与难点：宴会服务人员培训需求分析及培训计划的制订	4
		(5) 控制预案编制规则与要求	1) 控制预案编制规则 2) 控制预案编制要求 3) 典型控制预案的编制 ①人力资源控制预案的制定方法 ②场地布置控制预案的制定方法 ③物资资源控制预案的制定方法 ④服务规程控制预案的制定方法 ⑤服务过程控制预案的制定方法	(1) 方法：讲授法 (2) 重点与难点：典型控制预案的编制方法	4
2．接待服务	2-1 茶艺服务	(1) 乌龙茶服务	1) 乌龙茶的种类及特点 2) 乌龙茶服务器具准备 3) 乌龙茶的冲泡 4) 乌龙茶奉茶服务 5) 乌龙茶饮用注意事项	(1) 方法：讲授法、演示法、实训法 (2) 重点与难点：乌龙茶冲泡方法	4

续表

模块	课程	学习单元	课程内容	培训建议	课堂学时
2．接待服务	2-1 茶艺服务	（2）普洱茶服务	1）普洱茶的特点 2）普洱茶服务器具准备 3）普洱茶的冲泡 4）普洱茶奉茶服务 5）普洱茶饮用注意事项	（1）方法：讲授法、演示法、实训法 （2）重点与难点：普洱茶冲泡方法	4
		（3）紧压茶服务	1）紧压茶的种类及特点 2）紧压茶烹煮 3）紧压茶奉茶服务 4）紧压茶饮用注意事项	（1）方法：讲授法、演示法、实训法 （2）重点与难点：紧压茶冲泡方法	4
	2-2 鸡尾酒调制	（1）鸡尾酒常识	1）鸡尾酒的种类及特点 2）鸡尾酒的常用器具 3）调制鸡尾酒的原料 4）装饰物	（1）方法：讲授法 （2）重点与难点：鸡尾酒调制常用器具与原料	2
		（2）调制鸡尾酒	1）调制鸡尾酒的步骤与要求 2）摇和法调制鸡尾酒 3）调和法调制鸡尾酒 4）兑和法调制鸡尾酒 5）搅和法调制鸡尾酒 6）漂浮法调制鸡尾酒	（1）方法：讲授法、演示法、实训法 （2）重点与难点：鸡尾酒调制方法	4

续表

模块	课程	学习单元	课程内容	培训建议	课堂学时
3．餐厅管理	3-1　成本管理	（1）成本核算的方法	1）主料、辅料成本核算方法	（1）方法：讲授法、实训法 （2）重点与难点：成本核算方法	2
			2）调料成本核算方法		
			3）餐饮出品成本核算方法		
		（2）餐饮出品定价方法	1）影响餐饮产品定价的内部因素	（1）方法：讲授法、实训法 （2）重点与难点：餐饮产品定价方法	2
			2）影响餐饮产品定价的外部因素		
			3）餐饮出品毛利率定价法		
	3-2　服务质量管理	（1）餐饮服务各阶段菜品质量的控制	1）餐前准备	（1）方法：讲授法、案例教学法、讨论法 （2）重点与难点：餐饮服务各阶段菜品质量的控制	2
			2）点、配菜品		
			3）传菜		
			4）上菜、分菜		
			5）撤盘		
			6）顾客建议反馈		
		（2）菜品质量问题及处理	1）常见菜品质量问题	（1）方法：讲授法、案例教学法、讨论法 （2）重点与难点：菜品质量问题的妥善处理	1
			2）常见菜品质量问题的处理 ①发现问题菜品不上桌 ②真诚致歉 ③撤换菜品 ④打折、送小礼物或免单 ⑤向上级主管报告		
		（3）常见餐饮服务态度问题及处理	1）职业认知与心态不正确	（1）方法：讲授法、案例教学法、讨论法 （2）重点与难点：服务态度问题的妥善处理	2
			2）基本素质和业务能力不足		
			3）沟通技巧欠缺		
			4）其他问题		

续表

模块	课程	学习单元	课程内容	培训建议	课堂学时
3. 餐厅管理	3-2 服务质量管理	（4）餐厅服务考核标准的制定	1）餐厅服务考核标准的内容 ①餐前准备服务标准 ②迎宾服务标准 ③点菜服务标准 ④传菜服务标准 ⑤餐间服务标准 ⑥餐后结账送客服务标准	（1）方法：讲授法、项目教学法 （2）重点与难点：考核标准的制定方法	3
			2）考核标准制定方法		
	3-3 营销管理	（1）餐饮营销的概念和特点	1）餐饮营销的概念	（1）方法：讲授法 （2）重点与难点：树立全员营销意识	1
			2）餐饮营销的特点 ①有形与无形的统一 ②兼顾内外营销 ③连续性、针对性和一致性 ④树立全员营销意识		
		（2）餐饮营销的手段	1）品牌营销	（1）方法：讲授法、案例教学法 （2）重点与难点：主题活动营销	1
			2）公关营销		
			3）广告营销		
			4）主题活动营销		
		（3）餐厅主题活动营销方案的制定	1）明确活动目的	（1）方法：项目教学法 （2）重点与难点：餐厅主题活动营销方案的制定	3
			2）突出活动主题		
			3）准确定位客户需求		
			4）选择活动营销手段		

续表

模块	课程	学习单元	课程内容	培训建议	课堂学时
4．培训指导	4-1 专业培训	（1）培训教案的编写	1）培训教案概述	（1）方法：讲授法、案例教学法 （2）重点与难点：培训需求的分析、培训方法的正确运用与培训效果的评估	2
			2）培训教案的编写技巧		
		（2）初、中、高级餐厅服务员培训	1）培训的相关知识 ①培训语言的重要性 ②培训语言的特点、分类和组织技巧 ③培训方法和手段	（1）方法：讲授法、项目教学法 （2）重点与难点：培训过程及培训效果的评估、反馈	4
			2）餐厅服务群体培训与个别培训教学法 ①餐厅服务群体培训教学法 ②餐厅服务个别培训教学法		
			3）餐厅服务培训课堂教学过程组织设计 ①编制培训方案 ②课前准备（备课、准备教具等） ③授课 ④评估、反馈、答疑 ⑤改进设计		
	4-2 技能指导	（1）对初、中、高级餐厅服务员进行技能指导	1）技能指导的概念和方法 ①技能指导的概念 ②技能指导的方法	（1）方法：讲授法、案例教学法 （2）重点与难点：技能指导的过程及效果评定	4

续表

模块	课程	学习单元	课程内容	培训建议	课堂学时
4．培训指导	4-2　技能指导	（1）对初、中、高级餐厅服务员进行技能指导	2）技能指导的组织程序 ①技能指导前准备（场地、餐具、酒具物品等） ②实习指导教师讲解示范与指导练习结合 ③技能考核评价		
			3）技能指导的效果评定 ①技能水平评定 ②知识水平评定 ③态度、礼仪评定 ④综合评定		
课堂学时合计					80

2.2.6　高级技师职业技能培训课程规范

模块	课程	学习单元	课程内容	培训建议	课堂学时
1．餐前准备	1-1　菜单设计	（1）宴会菜单设计基础知识	1）宴会菜单设计依据	（1）方法：讲授法 （2）重点与难点：菜单设计内容及程序	2
			2）宴会菜单设计要求		
			3）宴会菜单设计内容及程序		
		（2）中餐宴会菜单设计	1）中餐宴会菜单设计方法	（1）方法：讲授法、案例教学法 （2）重点与难点：中餐宴会菜单的设计	4
			2）中餐宴会菜品品种组合		
			3）中餐宴会菜品营养组合		

续表

<table>
<tr><th>模块</th><th>课程</th><th>学习单元</th><th>课程内容</th><th>培训建议</th><th>课堂学时</th></tr>
<tr><td rowspan="19">1．餐前准备</td><td rowspan="5">1–1 菜单设计</td><td rowspan="5">（3）西餐宴会菜单设计</td><td>1）西餐宴会菜单设计方法</td><td rowspan="5">（1）方法：讲授法、案例教学法
（2）重点与难点：西餐宴会菜单、酒单的设计</td><td rowspan="5">4</td></tr>
<tr><td>2）西餐宴会菜品品种组合</td></tr>
<tr><td>3）西餐宴会菜品营养组合</td></tr>
<tr><td>4）鸡尾酒会菜单设计</td></tr>
<tr><td>5）冷餐会菜单设计</td></tr>
<tr><td rowspan="8">1–2 就餐环境设计布置</td><td rowspan="2">（1）大型宴会环境设计与布置要求</td><td>1）大型宴会特点</td><td rowspan="2">（1）方法：讲授法
（2）重点与难点：大型宴会环境设计与布置要求</td><td rowspan="2">4</td></tr>
<tr><td>2）大型宴会设计与布置要求</td></tr>
<tr><td rowspan="2">（2）大型鸡尾酒会环境设计与布置</td><td>1）大型鸡尾酒会环境设计</td><td rowspan="2">（1）方法：项目教学法
（2）重点与难点：大型鸡尾酒会环境设计与布置</td><td rowspan="2">3</td></tr>
<tr><td>2）大型鸡尾酒会环境布置</td></tr>
<tr><td rowspan="2">（3）大型冷餐会环境设计与布置</td><td>1）大型冷餐会环境设计</td><td rowspan="2">（1）方法：项目教学法
（2）重点与难点：大型冷餐会环境设计与布置</td><td rowspan="2">3</td></tr>
<tr><td>2）大型冷餐会环境布置</td></tr>
<tr><td rowspan="2">（4）大型茶话会环境设计与布置</td><td>1）大型茶话会环境设计</td><td rowspan="2">（1）方法：项目教学法
（2）重点与难点：大型茶话会环境设计与布置</td><td rowspan="2">3</td></tr>
<tr><td>2）大型茶话会环境布置</td></tr>
<tr><td rowspan="3">1–3 餐台设计布置</td><td rowspan="3">（1）大型宴会台型设计</td><td>1）大型宴会台型设计要求</td><td rowspan="3">（1）方法：项目教学法
（2）重点与难点：大型宴会台型布局的设计与布置</td><td rowspan="3">2</td></tr>
<tr><td>2）大型中餐宴会台型设计方法</td></tr>
<tr><td>3）大型西餐宴会台型设计方法</td></tr>
</table>

续表

模块	课程	学习单元	课程内容	培训建议	课堂学时
1．餐前准备	1-3 餐台设计布置	(2) 台型设计方案撰写	1）台型设计方案撰写要求 2）台型设计方案撰写方法	(1) 方法：项目教学法 (2) 重点与难点：大型宴会台型布局设计方案的编制与撰写	2
		(3) 鸡尾酒会台型设计及布置	1）鸡尾酒会台型设计及布置	(1) 方法：项目教学法 (2) 重点与难点：鸡尾酒会台型布局的设计与布置	2
		(4) 冷餐会台型设计及布置	1）冷餐会台型设计及布置 2）冷餐会菜台设计及布置	(1) 方法：项目教学法 (2) 重点与难点：冷餐会菜台设计与布置	3
		(5) 茶话会台型设计及布置	1）环绕式台型设计及布置 2）散座式台型设计及布置 3）圆桌式台型设计及布置 4）主席式台型设计及布置 5）大型茶话会台面布置	(1) 方法：项目教学法 (2) 重点与难点：茶话会台型布局设计与台面布置	3
2．餐厅管理	2-1 成本管理	(1) 餐厅经营成本核算方法	1）餐厅成本的划分 2）餐厅成本的特点 3）餐饮企业成本控制 4）餐饮企业餐厅经营成本核算 5）中餐厅经营成本核算 6）西餐厅经营成本核算	(1) 方法：讲授法、实训法 (2) 重点与难点：中、西餐厅的经营成本核算方法	4

续表

模块	课程	学习单元	课程内容	培训建议	课堂学时
2．餐厅管理	2–2 服务质量管理	（1）常见餐厅突发事件及应急预案	1）常见餐厅突发事件类型	（1）方法：讲授法、案例教学法 （2）重点与难点：餐厅突发事件的应急预案	3
			2）常见餐厅突发事件特点		
			3）应急预案的内容： ①目的依据 ②组织机构 ③应急措施		
		（2）餐厅突发事件处理	1）控制局面	（1）方法：讲授法、案例教学法 （2）重点与难点：餐厅突发事件的处理	2
			2）及时判断		
			3）启动预案		
		（3）服务质量督导	1）明确本岗位职责与任务	（1）方法：讲授法、案例教学法 （2）重点与难点：餐厅服务质量督导的方法及内容	3
			2）餐前服务督导		
			3）餐间服务督导		
			4）餐后服务督导		
		（4）餐饮服务质量的分析与改进	1）有形产品质量分析 ①根据实际情况对菜品进行分析 ②根据顾客反馈对菜品进行分析	（1）方法：讲授法、讨论法、案例教学法 （2）重点与难点：服务质量的分析与改进	4
			2）无形产品质量分析 ①对服务流程进行分析 ②对服务细节进行分析 ③根据顾客反馈对服务质量进行分析		
			3）质量改进 ①对有形产品质量进行改进 ②对无形产品质量进行改进		

续表

模块	课程	学习单元	课程内容	培训建议	课堂学时
3．培训指导	3-1 专业培训	（1）培训计划概述、内容及制订方法	1）培训计划的概念 2）餐厅服务员培训计划特点 3）培训计划制订的方法 ①组织培训需求分析 ②明确培训目的和目标 ③确定培训方案 ④制订培训计划草案 ⑤沟通并确认培训计划 4）制订培训计划的流程 ①信息采集 ②培训计划编制 ③反馈修订 5）培训计划的内容 ①分析需求 ②培训目的 ③培训对象 ④培训内容 ⑤培训师资 ⑥培训方式 ⑦培训时间与地点 ⑧培训费用 ⑨考核结业	（1）方法：项目教学法 （2）重点与难点：培训需求分析与培训计划的制订	5

续表

模块	课程	学习单元	课程内容	培训建议	课堂学时
3．培训指导	3-2　技能指导	(1) 作业指导书概述、内容及编写方法	1）作业指导书的概念	(1) 方法：项目教学法 (2) 重点与难点：作业指导书的内容	4
			2）餐厅服务员作业指导书的特点		
			3）作业指导书的内容 ①岗位描述 ②目标要求 ③岗位职责 ④岗位流程 ⑤工作内容 ⑥管理制度 ⑦应急预案 ⑧法律法规		
			4）作业指导书编写步骤 ①岗位信息的采集 ②作业指导书编写 ③反馈修订		
			5）作业指导书编写方法		
课堂学时合计					60

2.2.7　培训建议中培训方法说明

1．讲授法

讲授法指教师主要运用语言讲述，系统地向学员传授知识，传播思想理念。即教师通过叙述、描绘、解释、推论来传递信息、传授知识、阐明概念、论证定律和公式，引导学员获取知识，认识和分析问题。

2．讨论法

讨论法指在教师的指导下，学员以班级或小组为单位，围绕学习单元的内容，对某一专题进行深入探讨，通过讨论或辩论活动，从而获得知识或巩固知识的一种教学方法，要求教师在讨论结束时对讨论的主题做归纳性总结。

3．实训（练习）法

实训（练习）法指学员在教师的指导下巩固知识、运用知识，形成技能技巧的方法。通过实际操作的练习，形成操作技能。

4．参观法

参观法指教师组织或指导学员进行实地观察、调查、研究和学习，使学员获得新知识或巩固已学知识的教学方法。参观教学法可细分为“准备性参观、并行性参观、总结性参观”等。

5．演示法

演示法指在教学过程中，教师通过示范操作和讲解使学员获得知识、技能的教学方法。教学中，教师对操作内容进行现场演示，边操作边讲解，强调操作的关键步骤和注意事项，使学员边学边做，理论与技能并重，师生互动，提高学生的学习兴趣和学习效率。

6．案例教学法

案例教学法指通过对案例进行分析，提出问题，分析问题，并找到解决问题的途径和手段，培养学员分析问题、处理问题的能力。

7．项目教学法

项目教学法指以实际应用为目的，将理论知识与实际工作相结合，通过师生共同完成一个完整的项目工作，使学员获得知识和实践操作能力与解决实际问题能力的教学方法。其实施以小组为学习单位，步骤一般分为确定项目任务、计划、决策、实施、检查和评价 6 个步骤。强调学员在学习过程中的主体地位，以学员为中心，以学员学习为主、教师指导为辅，通过完成教学项目，激发学员的学习积极性，使学员既获得相关理论知识，又掌握实践技能和工作方法，提高学员解决实际问题的综合能力。

8．角色扮演法

角色扮演法指学员通过不同角色的扮演，体验自身角色的内涵活动和对方角色的心理，充分展现各种角色的“为”和“位”。在餐厅服务员角色扮演中的“角色”一般分为服务者和消费者两大类角色，学员通过角色扮演，学习和运用服务技能，以达到能够对消费者提供服务的标准。

9．情景表演法

情景表演法指教师在实施培训前事先准备和布置培训现场，并设定情景表演的情景、对话内容及评估标准，通过学员现场的情景表演活动以及教师对活动效果的及时评估，从而达到培训的预期效果。

10．实物示教法

实物示教法指教师通过实物的操作演示或对学员实物操作演示的评价，实现对学员技能操作步骤和要领掌握情况的检查、纠错、修正，并演示正确操作方法的一种教学方法。

11．观摩法

观摩法指让学员通过现场观摩、观看视频等形式，学习、获取知识、技能的一种教学方法。

2.3 考核规范

2.3.1 职业基本素质培训考核规范

考核范围	考核比重（%）	考核内容	考核比重（%）	考核单元
1．职业认知	10	1–1 职业认知	3	（1）职业认知
		1–2 职业道德基本知识	3	（1）道德与职业道德
		1–3 职业守则	4	（1）职业守则
2．餐厅服务礼仪	30	2–1 餐厅礼貌服务基础知识及相关要求与规范	4	（1）餐厅礼貌服务
			6	（2）仪容、仪表、仪态要求
			5	（3）餐厅服务礼仪规范
		2–2 餐厅服务语言艺术	4	（1）餐厅服务语言及运用
			4	（2）与顾客有效沟通
		2–3 用餐礼仪与饮食习俗	3	（1）用餐礼仪
			4	（2）饮食习俗
3．餐厅服务心理与人际沟通	15	3–1 餐厅服务心理	3	（1）餐厅服务心理的概念及内容
			5	（2）顾客餐饮消费心理需求
		3–2 人际沟通	3	（1）餐厅人际沟通的基本原则
			4	（2）餐厅人际沟通的基本技巧
4．饮食营养	15	4–1 能量与营养素、水和膳食纤维	5	（1）能量、宏量营养素、微量营养素、水和膳食纤维
		4–2 平衡膳食	10	（1）平衡膳食与合理营养
				（2）主要膳食结构

续表

考核范围	考核比重（%）	考核内容	考核比重（%）	考核单元
5．饮食卫生	15	5-1　食品卫生质量鉴别	5	（1）食品卫生基础知识与食品卫生质量鉴别方法
		5-2　食品污染和食物中毒	5	（1）食品污染及食物中毒
		5-3　餐饮企业卫生管理要求	5	（1）餐厅环境卫生和餐厅服务员个人卫生
				（2）餐用具、棉织品和饮水的卫生
6．餐厅安全知识	10	6-1　公共场所安全知识	5	（1）治安管理和消防常识
		6-2　餐厅安全知识	5	（1）操作安全隐患防范
				（2）财产和环境安全隐患防范
7．相关法律法规知识	5	7-1　相关法律法规知识	5	（1）相关法律法规知识

2.3.2　初级职业技能培训理论知识考核规范

考核范围	考核比重（%）	考核内容	考核比重（%）	考核单元
1．餐前准备	20	1-1　个人、物品及环境准备	3	（1）个人、物品及环境准备
		1-2　托盘	1	（1）托盘的种类及用途
			2	（2）托盘的方法与要求
		1-3　摆台	2	（1）中餐便餐台铺台布
			5	（2）中餐便餐台的餐用具摆放
			3	（3）餐椅摆放
		1-4　餐巾折花	2	（1）餐巾折叠基本方法
			2	（2）餐巾花折叠及摆放

续表

考核范围	考核比重（%）	考核内容	考核比重（%）	考核单元
2. 接待服务	40	2-1 礼仪接待	5	（1）中餐迎宾引位服务
		2-2 出品介绍	10	（1）介绍中餐菜品
			5	（2）介绍中国酒
			4	（3）介绍非酒精饮料
		2-3 点菜服务	6	（1）菜品常识
			5	（2）中餐点菜服务
			5	（3）中餐点酒水服务
3. 餐间服务	30	3-1 上菜服务	2	（1）传菜服务
			5	（2）一般菜品上菜
			5	（3）特殊菜品上菜
		3-2 酒水服务	6	（1）根据酒水选用酒杯
			6	（2）开启各类酒水
			4	（3）徒手斟酒水
		3-3 撤换餐用具	2	（1）撤换餐用具
4. 餐后服务	10	4-1 送客服务	4	（1）宾客离席及送客
		4-2 清理餐桌	3	（1）餐后收台
			3	（2）清洁台面

2.3.3 初级职业技能培训操作技能考核规范

考核范围	考核比重（%）	考核内容	考核比重（%）	考核形式	选考方式	考核时间（分钟）	重要程度
1. 餐前准备	40	1-1 托盘	6	实操	必考	20	X
		1-2 摆台	18	实操	必考		X
		1-3 餐巾折花	16	实操	必考		X

续表

考核范围	考核比重（%）	考核内容	考核比重（%）	考核形式	选考方式	考核时间（分钟）	重要程度
2．接待服务	25	2–1　礼仪接待	5	口试	必考	5	Y
		2–2　出品介绍	8	口试或笔试	选考		Y
		2–3　点菜服务	12	实操	选考		Y
3．餐间服务	25	3–1　上菜服务	10	口试	选考	5	Y
		3–2　酒水服务	10	实操	选考		Y
		3–3　撤换餐用具	5	实操	选考		Y
4．餐后服务	10	4–1　送客服务	5	口试	选考	3	Z
		4–2　清理餐桌	5	口试	选考		Z

2.3.4　中级职业技能培训理论知识考核规范

考核范围	考核比重（%）	考核内容	考核比重（%）	考核单元
1．餐前准备	40	1–1　摆台	25	（1）西餐便餐台摆台
				（2）中餐宴会摆台
				（3）自助餐摆台
				（4）会议摆台
		1–2　餐巾折花	15	（1）20 种杯花折叠
				（2）5 种盘花折叠
				（3）宴会台面餐巾花选择和摆放
2．接待服务	25	2–1　礼仪接待	5	（1）餐位安排
		2–2　出品介绍	10	（1）介绍西餐菜品
				（2）介绍菜品典故
				（3）介绍菜品营养特点
				（4）介绍外国酒
		2–3　点菜服务	10	（1）西餐点菜服务
				（2）西餐点酒水服务

续表

考核范围	考核比重（%）	考核内容	考核比重（%）	考核单元
3．餐间服务	25	3-1 西餐上菜服务	5	（1）西餐上菜
		3-2 自助餐服务	5	（1）自助餐服务
		3-3 分菜服务	5	（1）中餐分菜服务
		3-4 酒水服务	5	（1）黄酒侍酒服务
		3-5 撤换餐具	5	（1）餐具撤换与调整
4．餐后服务	10	4-1 结账服务	4	（1）结账收银
		4-2 送客服务	3	（1）送客服务
		4-3 酒具保洁	3	（1）清洁、消毒酒具

2.3.5 中级职业技能培训操作技能考核规范

考核范围	考核比重（%）	考核内容	考核比重（%）	考核形式	选考方式	考核时间（分钟）	重要程度
1．餐前准备	40	1-1 西餐早、午、晚餐台的摆放	15	实操	选考	5	Y
		1-2 中餐宴会摆台	20	实操	必考	20	X
		1-3 会议服务摆台	5	实操	选考	5	Z
2．接待服务	25	2-1 中餐宴会餐位安排（摆放席位签）	15	笔试	必考	5	Y
		2-2 西餐宴会餐位安排（摆放席位签）	10	笔试	必考	5	Y
3．餐间服务	25	3-1 餐位分菜法	10	实操	必考	10	X
		3-2 转台分菜法	8	实操	选考	5	X
		3-3 服务桌分菜法	7	实操	选考	5	X
4．餐后服务	10	4-1 结账服务	5	实操	必考	5	X
		4-2 送客服务	5	口试	必考	3	X

2.3.6 高级职业技能培训理论知识考核规范

考核范围	考核比重（%）	考核内容	考核比重（%）	考核单元
1．餐前准备	20	1-1 插花	10	（1）插花准备
				（2）插花基本程序与方法
				（3）中餐台面插花
				（4）西餐台面插花
		1-2 摆台	10	（1）中餐主题宴会摆台
				（2）西餐宴会摆台
2．接待服务	25	2-1 礼仪接待	5	（1）预订服务
		2-2 出品介绍	15	（1）中餐宴会菜品组合特点
				（2）西餐宴会菜品组合特点
		2-3 茶艺服务	5	（1）红茶、绿茶、花茶简介
				（2）红茶服务
				（3）绿茶服务
				（4）花茶服务
3．餐间服务	45	3-1 分菜服务	25	（1）整形菜分菜
				（2）特殊菜品服务
				（3）西餐分菜服务
		3-2 酒水服务	20	（1）葡萄酒侍酒服务
				（2）汽酒侍酒服务
4．餐厅管理	10	4-1 酒水管理	3	（1）酒水质量感官鉴别
				（2）酒水的储藏及出入库
		4-2 器皿管理	2	（1）高档餐酒具及装饰器皿的清洁、保养与储存
		4-3 服务质量管理	5	（1）餐厅管理基础知识
				（2）服务流程、服务规范等质量问题的纠正

2.3.7 高级职业技能培训操作技能考核规范

考核范围	考核比重（%）	考核内容	考核比重（%）	考核形式	选考方式	考核时间（分钟）	重要程度
1．餐前准备	20	1–1　中式插花	5	实操	必考	40	Y
		1–2　西式插花	5	实操	必考	40	Y
		1–3　西餐宴会摆台	10	实操	必考	20	X
2．接待服务	25	2–1　冲泡红茶	7	实操	选考	5	Z
		2–2　冲泡绿茶	10	实操	必考	5	Z
		2–3　冲泡花茶	8	实操	必考	5	Z
3．餐间服务	45	3–1　分菜服务	15	实操或笔试	必考	5	Z
		3–2　葡萄酒服务	15	实操	必考	5	X
		3–2　汽酒侍酒服务	15	实操或笔试	选考	5	Y
4．餐厅管理	10	4–1　酒水储藏	10	实操或笔试	选考	5	Y

2.3.8 技师职业技能培训理论知识考核规范

考核范围	考核比重（%）	考核内容	考核比重（%）	考核单元
1．餐前准备	40	1–1　就餐环境设计与布置	10	（1）主题宴会的环境要求
				（2）主题宴会环境设计
				（3）主题宴会环境布置
		1–2　餐台设计与布置	20	（1）主题宴会餐台设计要求与依据
				（2）主题宴会餐台设计内容与方法
				（3）典型主题宴会餐台设计与布置
		1–3　服务规程设计	10	（1）宴会服务程序编制
				（2）宴会服务人员分工
				（3）宴会服务工作计划
				（4）安排宴会服务人员培训
				（5）控制预案编制规则与要求

续表

考核范围	考核比重（%）	考核内容	考核比重（%）	考核单元
2．接待服务	20	2–1　茶艺服务	10	（1）乌龙茶服务
				（2）普洱茶服务
				（3）紧压茶服务
		2–2　鸡尾酒调制	10	（1）鸡尾酒常识
				（2）调制鸡尾酒
3．餐厅管理	15	3–1　成本管理	5	（1）成本核算的方法
				（2）餐饮出品定价方法
		3–2　服务质量管理	5	（1）餐饮服务各阶段菜品质量的控制
				（2）菜品质量问题及处理
				（3）常见餐饮服务态度问题及处理
				（4）餐厅服务考核标准的制定
		3–3　营销管理	5	（1）餐饮营销的概念和特点
				（2）餐饮营销的手段
				（3）餐厅主题活动营销方案的制定
4．培训指导	25	4–1　专业培训	15	（1）培训教案的编写
				（2）初、中、高级餐厅服务员培训
		4–2　技能指导	10	（1）对初、中、高级餐厅服务员进行技能指导

2.3.9　技师职业技能培训操作技能考核规范

考核范围	考核比重（%）	考核内容	考核比重（%）	考核形式	选考方式	考核时间（分钟）	重要程度
1．餐前准备	40	1–1　就餐环境设计与布置	10	笔试	必考	20	X
		1–2　餐台设计与布置	20	实操	必考	25	X
		1–3　服务规程设计	10	笔试	必考	15	X

续表

考核范围	考核比重（%）	考核内容	考核比重（%）	考核形式	选考方式	考核时间（分钟）	重要程度
2．接待服务	20	2–1　茶艺服务	10	实操	必考	5	Y
		2–2　鸡尾酒调制	10	实操	必考	5	Y
3．餐厅管理	15	3–1　成本管理	5	笔试	选考	10	Z
		3–2　服务质量管理	5	笔试	选考	10	Z
		3–3　营销管理	5	笔试	选考	10	Z
4．培训指导	25	4–1　专业培训	15	实操	必考	20	X
		4–2　技能指导	10	实操	必考	20	X

2.3.10　高级技师职业技能培训理论知识考核规范

考核范围	考核比重（%）	考核内容	考核比重（%）	考核单元
1．餐前准备	50	1–1　菜单设计	10	（1）宴会菜单设计基础知识
				（2）中餐宴会菜单设计
				（3）西餐宴会菜单设计
		1–2　就餐环境设计布置	20	（1）大型宴会环境设计与布置要求
				（2）大型鸡尾酒会环境设计与布置
				（3）冷餐会环境设计与布置（增）
				（4）大型茶话会环境设计与布置
		1–3　餐台设计布置	20	（1）大型宴会台型设计
				（2）台型设计方案撰写
				（3）鸡尾酒会台型设计及布置
				（4）冷餐会台型设计及布置
				（5）茶话会台型设计及布置

续表

考核范围	考核比重（%）	考核内容	考核比重（%）	考核单元
2．餐厅管理	20	2-1 成本管理	10	（1）餐厅经营成本核算方法
		2-2 服务质量管理	10	（1）常见餐厅突发事件及应急预案
				（2）餐厅突发事件处理
				（3）服务质量督导
				（4）餐饮服务质量的分析与改进
3．培训指导	30	3-1 专业培训	15	（1）培训计划概述、内容及制订方法
		3-2 技能指导	15	（1）作业指导书概述、内容及编写方法

2.3.11 高级技师职业技能培训操作技能考核规范

考核范围	考核比重（%）	考核内容	考核比重（%）	考核形式	选考方式	考核时间（分钟）	重要程度
1．餐前准备	45	1-1 菜单设计	10	实操	必考	15	X
		1-2 就餐环境设计布置	15	笔试	必考	20	X
		1-3 餐台设计布置	20	实操	必考	25	X
2．餐厅管理	20	2-1 成本管理	5	笔试	选考	10	Y
		2-2 服务质量管理	15	笔试	选考	10	Y
3．培训指导	35	3-1 专业培训	20	实操	必考	20	X
		3-2 技能指导	15	实操	必考	20	X

附录

培训要求与课程规范对照表

附录 1　职业基本素质培训要求与课程规范对照表

<table>
<tr><th colspan="3">2.1.1　职业基本素质培训要求</th><th colspan="4">2.2.1　职业基本素质培训课程规范</th></tr>
<tr><th>职业基本素质模块（模块）</th><th>培训内容（课程）</th><th>培训细目</th><th>学习单元</th><th>课程内容</th><th>培训建议</th><th>课堂学时</th></tr>
<tr><td rowspan="13">1. 职业认知</td><td rowspan="2">1-1　职业认知</td><td rowspan="2">（1）餐饮业简介
（2）餐厅服务员的工作内容</td><td rowspan="2">（1）职业认知</td><td>1）餐饮业简介
①餐饮业的定义
②餐饮服务的定义
③餐饮产品（有形产品、无形产品）</td><td rowspan="2">（1）方法：讲授法
（2）重点：餐饮产品
（3）难点：对餐饮产品中的无形产品的理解与掌握</td><td rowspan="2">1</td></tr>
<tr><td>2）餐厅服务员的工作内容</td></tr>
<tr><td rowspan="3">1-2　职业道德基本知识</td><td rowspan="3">（1）“四德”建设的主要内容
（2）社会主义核心价值观
（3）职业道德修养</td><td rowspan="3">（1）道德与职业道德</td><td>1）道德</td><td rowspan="3">（1）方法：讲授法、案例教学法
（2）重点：餐饮服务人员的职业道德规范
（3）难点：餐饮服务人员职业道德规范的养成与实践</td><td rowspan="3">2</td></tr>
<tr><td>2）职业道德</td></tr>
<tr><td>3）餐饮服务人员的职业道德规范</td></tr>
<tr><td rowspan="8">1-3　职业守则</td><td rowspan="8">（1）餐厅服务员职业守则</td><td rowspan="8">（1）职业守则</td><td>1）热情友好，宾客至上</td><td rowspan="8">（1）方法：讲授法、案例教学法
（2）重点与难点：餐厅服务员的职业守则</td><td rowspan="8">1</td></tr>
<tr><td>2）真诚公道，信誉第一</td></tr>
<tr><td>3）文明礼貌，优质服务</td></tr>
<tr><td>4）安全卫生，出品优良</td></tr>
<tr><td>5）团结协作，顾全大局</td></tr>
<tr><td>6）遵纪守法，廉洁奉公</td></tr>
<tr><td>7）培智精技，学而不厌</td></tr>
<tr><td>8）平等待客，一视同仁</td></tr>
</table>

续表

2.1.1 职业基本素质培训要求			2.2.1 职业基本素质培训课程规范			
职业基本素质模块（模块）	培训内容（课程）	培训细目	学习单元	课程内容	培训建议	课堂学时
2．餐厅服务礼仪	2–1 餐厅礼貌服务基础知识及相关要求与规范	（1）餐厅礼貌服务基础知识 （2）仪容、仪表、仪态要求	（1）餐厅礼貌服务	1）礼貌、礼节、礼仪概念	（1）方法：讲授法、讨论法 （2）重点与难点：餐厅服务礼仪的概念及礼貌、礼节、礼仪三者的关系	1
				2）餐厅服务礼仪的概念和功能		
			（2）仪容、仪表、仪态要求	1）仪容、仪表要求	（1）方法：讲授法、观摩法 （2）重点与难点：养成良好的仪容、仪表、仪态习惯	2
				2）个人卫生要求		
				3）微笑服务		
				4）仪态要求 ①站姿 ②坐姿 ③行走 ④引领 ⑤鞠躬 ⑥蹲姿		
			（3）餐厅服务礼仪规范	1）餐厅领位服务礼仪规范	（1）方法：讲授法、演示法、实训法 （2）重点与难点：领位、值台服务礼仪	1
				2）餐厅值台服务礼仪规范		
	2–2 餐厅服务语言艺术	（1）餐厅服务用语 （2）与顾客有效沟通	（1）餐厅服务语言及运用	1）餐厅服务用语要求	（1）方法：讲授法、情景表演法、角色扮演法 （2）重点与难点：餐厅服务用语要求	2
				2）餐厅服务语言的分类		
				3）常用礼貌用语及忌语		
			（2）与顾客有效沟通	1）有效沟通技巧	（1）方法：讲授法、情景表演法 （2）重点与难点：电话沟通	2
				2）倾听		
				3）电话沟通		

续表

<table>
<tr><th colspan="3">2.1.1　职业基本素质培训要求</th><th colspan="4">2.2.1　职业基本素质培训课程规范</th></tr>
<tr><th>职业基本素质模块（模块）</th><th>培训内容（课程）</th><th>培训细目</th><th>学习单元</th><th>课程内容</th><th>培训建议</th><th>课堂学时</th></tr>
<tr><td rowspan="4">2．餐厅服务礼仪</td><td rowspan="4">2–3　用餐礼仪与饮食习俗</td><td rowspan="4">（1）用餐礼仪
（2）饮食习俗与礼节</td><td rowspan="2">（1）用餐礼仪</td><td>1）中餐用餐礼仪</td><td rowspan="2">（1）方法：讲授法、情景表演法
（2）重点与难点：西餐用餐礼仪</td><td rowspan="2">1</td></tr>
<tr><td>2）西餐用餐礼仪</td></tr>
<tr><td rowspan="2">（2）饮食习俗</td><td>1）我国饮食习俗</td><td rowspan="2">（1）方法：讲授法、案例教学法
（2）重点与难点：我国饮食习俗</td><td rowspan="2">2</td></tr>
<tr><td>2）主要客源国饮食习俗</td></tr>
<tr><td rowspan="8">3．餐厅服务心理与人际沟通</td><td rowspan="4">3–1　餐厅服务心理</td><td rowspan="4">（1）餐厅服务心理
（2）不同消费心理顾客的接待方法</td><td rowspan="4">（1）餐厅服务心理</td><td>1）餐厅服务心理的概念</td><td rowspan="4">（1）方法：讲授法、案例教学法
（2）重点与难点：不同类型顾客的消费心理与接待策略</td><td rowspan="4">4</td></tr>
<tr><td>2）餐厅服务心理的内容</td></tr>
<tr><td>3）顾客餐饮消费心理需求</td></tr>
<tr><td>4）不同类型顾客的接待</td></tr>
<tr><td rowspan="4">3–2　人际沟通</td><td rowspan="4">（1）餐厅人际沟通的基本原则
（2）餐厅人际沟通的基本技巧</td><td>（1）餐厅人际沟通的基本原则</td><td>1）餐厅人际沟通的基本原则
①诚实守信
②情深意重
③双向沟通
④互惠互利
⑤互相尊重
⑥树立自身形象</td><td>（1）方法：讲授法、案例教学法
（2）重点与难点：餐厅人际沟通的基本原则</td><td>1</td></tr>
<tr><td rowspan="3">（2）餐厅人际沟通的基本技巧</td><td>1）初次交往技巧</td><td rowspan="3">（1）方法：讲授法、案例教学法、角色扮演法
（2）重点与难点：餐厅人际沟通的基本技巧</td><td rowspan="3">2</td></tr>
<tr><td>2）交谈技巧</td></tr>
<tr><td>3）非语言技巧</td></tr>
</table>

续表

2.1.1 职业基本素质培训要求			2.2.1 职业基本素质培训课程规范			
职业基本素质模块（模块）	培训内容（课程）	培训细目	学习单元	课程内容	培训建议	课堂学时
4. 饮食营养	4-1 能量与营养素、水和膳食纤维	（1）能量的供给和食物来源 （2）宏量营养素的概念、生理功能和食物来源 （3）微量营养素的概念、生理功能和食物来源 （4）水和膳食纤维的概念、生理功能和食物来源	（1）能量、宏量营养素、微量营养素、水和膳食纤维	1）能量的供给、消耗和食物来源 2）宏量营养素的概念、生理功能和食物来源 3）微量营养素的概念、生理功能和食物来源 4）水的概念、生理功能和食物来源 5）膳食纤维的概念、生理功能和食物来源	（1）方法：讲授法 （2）重点与难点：各种营养素的食物来源	2
	4-2 平衡膳食	（1）平衡膳食与合理营养知识 （2）主要膳食结构	（1）平衡膳食	1）平衡膳食概念 2）平衡膳食要求 3）中国居民平衡膳食指南 4）中国居民平衡膳食宝塔 5）膳食结构 ①动植物食物平衡的膳食结构 ②以植物性食物为主的膳食结构 ③以动物性食物为主的膳食结构 ④地中海膳食结构	（1）方法：讲授法 （2）重点与难点：中国居民膳食平衡指南与膳食宝塔	2

续表

<table>
<tr><th colspan="3">2.1.1　职业基本素质培训要求</th><th colspan="4">2.2.1　职业基本素质培训课程规范</th></tr>
<tr><th>职业基本素质模块（模块）</th><th>培训内容（课程）</th><th>培训细目</th><th>学习单元</th><th>课程内容</th><th>培训建议</th><th>课堂学时</th></tr>
<tr><td rowspan="4">5．饮食卫生</td><td rowspan="2">5-1　食品卫生质量鉴别</td><td rowspan="2">（1）食品卫生知识
（2）根据感官、食品标签鉴别腐败食品和过期食品</td><td rowspan="2">（1）食品卫生基础知识与食品卫生质量鉴别方法</td><td>1）食品卫生基本知识
①食品卫生的概念
②煮沸消毒的方法及适用范围
③紫外线消毒的方法及适用范围
④洗涤消毒剂的配制方法</td><td rowspan="2">（1）方法：讲授法
（2）重点与难点：食品腐败变质的感官鉴别</td><td rowspan="2">1</td></tr>
<tr><td>2）食品卫生质量鉴别方法
①食品腐败变质的感官鉴别
②食品货架期的识别
③掺杂食品鉴别
④伪造食品鉴别</td></tr>
<tr><td rowspan="2">5-2　食品污染和食物中毒</td><td rowspan="2">（1）食品污染及其防治
（2）食物中毒特点与分类知识</td><td rowspan="2">（1）食品污染及食物中毒</td><td>1）生物污染及其防治
①食品生物污染（细菌、霉菌与霉菌毒素）及其防治
②食品化学性污染及其防治
③食品物理性污染及其防治</td><td rowspan="2">（1）方法：讲授法
（2）重点与难点：食品污染及防治；食物中毒的分类及其特点</td><td rowspan="2">2</td></tr>
<tr><td>2）食物中毒
①食物中毒的概念、特点、分类
②细菌性食物中毒
③有毒动植物中毒
④化学性食物中毒</td></tr>
</table>

续表

2.1.1 职业基本素质培训要求			2.2.1 职业基本素质培训课程规范			
职业基本素质模块（模块）	培训内容（课程）	培训细目	学习单元	课程内容	培训建议	课堂学时
5．饮食卫生	5–3 餐饮企业卫生管理要求	（1）餐厅环境卫生要求 （2）餐厅服务员卫生要求 （3）餐用具、棉织品卫生要求 （4）饮水卫生要求	（1）餐厅环境卫生和餐厅服务员个人卫生	1）餐厅环境卫生 ①餐厅服务工作区域卫生要求 ②食物、餐具储存场所卫生要求 ③卫生间的卫生要求	（1）方法：讲授法、观摩法 （2）重点与难点：餐厅个人卫生要求及餐厅设施的卫生要求	1
				2）餐厅服务员个人卫生 ①个人卫生标准 ②洗手的正确方法		
			（2）餐用具、棉织品和饮水的卫生	1）餐具的洗涤和消毒	（1）方法：讲授法 （2）重点与难点：餐用具、棉织品的消毒方法	1
				2）餐厅棉织品洗涤和消毒		
				3）饮水卫生 ①饮用水来源符合卫生要求 ②饮用水加工符合卫生要求 ③饮用水感官性状良好		

续表

<table>
<tr><th colspan="3">2.1.1　职业基本素质培训要求</th><th colspan="4">2.2.1　职业基本素质培训课程规范</th></tr>
<tr><th>职业基本素质模块（模块）</th><th>培训内容（课程）</th><th>培训细目</th><th>学习单元</th><th>课程内容</th><th>培训建议</th><th>课堂学时</th></tr>
<tr><td rowspan="10">6．餐厅安全知识</td><td rowspan="2">6-1　公共场所安全知识</td><td rowspan="2">（1）餐厅突发治安管理事件的应对方法
（2）餐厅突发消防事件的应对方法
（3）各类灭火器材的使用方法</td><td rowspan="2">（1）治安管理和消防常识</td><td>1）治安管理知识
①餐厅常见违法犯罪行为
②餐厅常见违法犯罪行为的预防和应对</td><td rowspan="2">（1）方法：讲授法、案例教学法、模拟操作法
（2）重点：餐厅常见突发事件的防范与应急处理
（3）难点：常用灭火器材使用方法</td><td rowspan="2">1</td></tr>
<tr><td>2）消防常识
①防火、灭火的基本知识
②常用灭火器材使用方法</td></tr>
<tr><td rowspan="8">6-2　餐厅安全知识</td><td rowspan="8">（1）常见餐厅安全隐患
（2）操作安全、财产安全和环境安全隐患的防范</td><td rowspan="5">（1）操作安全隐患防范</td><td>1）安全用电</td><td rowspan="5">（1）方法：讲授法、案例教学法
（2）重点与难点：安全用电、用火，防意外</td><td rowspan="5">1</td></tr>
<tr><td>2）安全用火</td></tr>
<tr><td>3）防爆</td></tr>
<tr><td>4）防烫伤</td></tr>
<tr><td>5）防意外</td></tr>
<tr><td rowspan="3">（2）财产和环境安全隐患防范</td><td>1）财产安全隐患防范
①餐厅财产安全
②顾客财产安全</td><td rowspan="3">（1）方法：讲授法、案例教学法
（2）重点与难点：财产和环境安全隐患防范</td><td rowspan="3">1</td></tr>
<tr><td>2）环境安全隐患防范
①空间环境
②通风照明</td></tr>
</table>

续表

<table>
<tr><th colspan="3">2.1.1 职业基本素质培训要求</th><th colspan="4">2.2.1 职业基本素质培训课程规范</th></tr>
<tr><th>职业基本素质模块（模块）</th><th>培训内容（课程）</th><th>培训细目</th><th>学习单元</th><th>课程内容</th><th>培训建议</th><th>课堂学时</th></tr>
<tr><td rowspan="5">7．相关法律法规知识</td><td rowspan="5">7-1 相关法律法规知识</td><td rowspan="5">（1）《中华人民共和国劳动法》相关知识
（2）《中华人民共和国劳动合同法》相关知识
（3）《中华人民共和国消费者权益保护法》相关知识
（4）《中华人民共和国食品安全法》相关知识
（5）《中华人民共和国消防法》相关知识</td><td rowspan="5">（1）相关法律法规知识</td><td>1）《中华人民共和国劳动法》
①工作时间和休息休假
②工资
③劳动安全卫生
④女职工和未成年工特殊保护
⑤社会保险和福利
⑥劳动争议</td><td rowspan="5">（1）方法：讲授法、案例教学法
（2）重点与难点：对与餐厅服务员相关的法律知识的理解与掌握</td><td rowspan="5">2</td></tr>
<tr><td>2）《中华人民共和国劳动合同法》
①劳动合同的订立
②无固定期限劳动合同
③试用期
④劳动合同的履行
⑤劳动合同的解除</td></tr>
<tr><td>3）《中华人民共和国消费者权益保护法》
①消费者的权益
②经营者的权益</td></tr>
<tr><td>4）《中华人民共和国食品安全法》
①食品安全标准
②食品生产经营
③食品安全事故处置
④监督管理
⑤法律责任</td></tr>
<tr><td>5）《中华人民共和国消防法》
①消防工作的监督管理
②单位和个人的消防义务</td></tr>
<tr><td colspan="6">课堂学时合计</td><td>36</td></tr>
</table>

附录 2　初级职业技能培训要求与课程规范对照表

<table>
<tr><th colspan="4">2.1.2　初级职业技能培训要求</th><th colspan="4">2.2.2　初级职业技能培训课程规范</th></tr>
<tr><th>职业功能模块（模块）</th><th>培训内容（课程）</th><th>技能目标</th><th>培训细目</th><th>学习单元</th><th>课程内容</th><th>培训建议</th><th>课堂学时</th></tr>
<tr><td rowspan="6">1. 餐前准备</td><td rowspan="3">1-1　个人、物品及环境准备</td><td>1-1-1　能进行仪容仪表准备</td><td>（1）个人仪容仪表准备
（2）仪容仪表检查</td><td rowspan="3">（1）个人、物品及环境准备</td><td>1）个人准备
①个人仪容仪表检查的项目和要求
②个人仪容仪表自查与互查方法
③接受并熟悉当天个人工作任务</td><td rowspan="3">（1）方法：讲授法、项目教学法
（2）重点：个人仪容仪表准备与自查
（3）难点：个人仪容仪表自查</td><td rowspan="3">2</td></tr>
<tr><td>1-1-2　能进行物品准备</td><td>（1）物品数量检查与准备
（2）物品质量检查与准备</td><td>2）物品准备
①餐厅物品的检查项目和要求
②餐厅物品数量及质量岗前检查方法</td></tr>
<tr><td>1-1-3　能进行环境准备</td><td>（1）环境卫生检查与准备
（2）灯光、家具、电器等的检查与准备
（3）摆饰检查
（4）温湿度调节</td><td>3）餐厅环境准备
①餐厅环境检查项目和要求
②餐厅环境问题处理</td></tr>
<tr><td rowspan="3">1-2　托盘</td><td>1-2-1　能选用托盘</td><td>（1）根据形状选择托盘
（2）根据材质选择托盘
（3）根据规格选择托盘</td><td>（1）托盘的种类及用途</td><td>1）托盘的种类及用途</td><td>（1）方法：讲授法
（2）重点与难点：托盘的选择</td><td>1</td></tr>
<tr><td rowspan="2">1-2-2　能起托、托盘行走、落托</td><td rowspan="2">（1）轻托物品托盘
（2）重托物品托盘
（3）理盘、装盘</td><td rowspan="2">（2）托盘的方法与要求</td><td>1）托盘的方法</td><td rowspan="2">（1）方法：讲授法、演示法、实训法
（2）重点：托盘的操作要领
（3）难点：托盘的操作安全</td><td rowspan="2">6</td></tr>
<tr><td>2）托盘的要求</td></tr>
</table>

续表

2.1.2 初级职业技能培训要求				2.2.2 初级职业技能培训课程规范			
职业功能模块（模块）	培训内容（课程）	技能目标	培训细目	学习单元	课程内容	培训建议	课堂学时
1．餐前准备	1-3 摆台	1-3-1 能铺中餐便餐台台布	(1) 推拉式铺台 (2) 抖铺式铺台 (3) 撒网式铺台	(1) 中餐便餐台铺台布	1) 餐台特点及规格	(1) 方法：讲授法、演示法、实训法 (2) 重点：铺台方法的掌握 (3) 难点：一次性定位	6
					2) 台布介绍		
					3) 铺台布的方法		
		1-3-2 能摆放中餐便餐台	(1) 摆餐具 (2) 摆其他物品 (3) 围椅	(2) 中餐便餐台的餐用具摆放	1) 餐、用具摆放方法和要求	(1) 方法：项目教学法 (2) 重点：餐、用具的摆放标准 (3) 难点：餐、用具的准确定位	5
					2) 装饰物摆放		
				(3) 餐椅摆放	1) 餐台围椅	(1) 方法：讲授法、演示法 (2) 重点与难点：围椅的效果把握	1
	1-4 餐巾折花	1-4-1 能折叠10种杯花、5种盘花	(1) 5种动物杯花折叠 (2) 5种植物杯花折叠 (3) 5种盘花折叠 (4) 餐巾花的摆放	(1) 餐巾折叠基本方法	1) 餐巾及餐巾花的种类与特点	(1) 方法：讲授法、演示法 (2) 重点与难点：餐巾折花的基本手法	2
					2) 餐巾折花基本手法		
				(2) 餐巾花折叠及摆放	1) 餐巾折花注意事项	(1) 方法：实物示教法、实训法 (2) 重点：餐巾花的准确折法 (3) 难点：餐巾折叠造型效果	9
					2) 10种杯花、5种盘花的折叠方法		
					3) 餐巾花的摆放要求		

续表

<table>
<tr><th colspan="4">2.1.2　初级职业技能培训要求</th><th colspan="4">2.2.2　初级职业技能培训课程规范</th></tr>
<tr><th>职业功能模块（模块）</th><th>培训内容（课程）</th><th>技能目标</th><th>培训细目</th><th>学习单元</th><th>课程内容</th><th>培训建议</th><th>课堂学时</th></tr>
<tr><td rowspan="14">2. 接待服务</td><td rowspan="4">2-1　礼仪接待</td><td rowspan="4">2-1-1　能用普通话为宾客引位入座</td><td rowspan="4">（1）迎宾服务
（2）引位入座</td><td rowspan="4">（1）中餐迎宾引位服务</td><td>1）迎宾礼仪</td><td rowspan="4">（1）方法：讲授法、角色扮演法、情景表演法
（2）重点：引位入座的要领
（3）难点：特殊人群引位入座的注意事项</td><td rowspan="4">2</td></tr>
<tr><td>2）迎宾程序</td></tr>
<tr><td>3）引位入座要领</td></tr>
<tr><td>4）特殊人群引位入座的注意事项</td></tr>
<tr><td rowspan="10">2-2　出品介绍</td><td rowspan="5">2-2-1　能介绍菜品的名称和特色</td><td rowspan="5">（1）介绍中餐菜品原材料
（2）介绍中餐菜品加工及烹任方法
（3）介绍中餐菜品命名方法</td><td rowspan="5">（1）介绍中餐菜品</td><td>1）中餐菜品原材料名称、种类及特点</td><td rowspan="5">（1）方法：讲授法、情景表演法
（2）重点：中餐菜品的介绍技巧
（3）难点：中餐菜品的烹饪方法</td><td rowspan="5">4</td></tr>
<tr><td>2）中餐加工及烹饪方法</td></tr>
<tr><td>3）中餐主要菜系特点</td></tr>
<tr><td>4）中餐菜品命名方法</td></tr>
<tr><td>5）中餐菜品介绍技巧</td></tr>
<tr><td rowspan="5">2-2-2　能介绍酒水的名称和特色</td><td rowspan="5">（1）介绍中国酒的分类及特点
（2）介绍常见中国酒的饮用方法
（3）介绍非酒精饮料的分类及特点
（4）介绍常见非酒精饮料的饮用方法</td><td rowspan="3">（2）介绍中国酒</td><td>1）中国酒的分类及特点</td><td rowspan="3">（1）方法：讲授法
（2）重点：酒水介绍的步骤与注意事项
（3）难点：酒水的介绍技巧</td><td rowspan="3">4</td></tr>
<tr><td>2）常见中国酒特点及饮用方法</td></tr>
<tr><td>3）酒水介绍技巧</td></tr>
<tr><td rowspan="2">（3）介绍非酒精饮料</td><td>1）常见非酒精饮料特点及饮用方法</td><td rowspan="2">（1）方法：讲授法
（2）重点与难点：常见饮料的特点及介绍技巧</td><td rowspan="2">2</td></tr>
<tr><td>2）饮料介绍技巧</td></tr>
</table>

续表

<table>
<tr><th colspan="4">2.1.2　初级职业技能培训要求</th><th colspan="4">2.2.2　初级职业技能培训课程规范</th></tr>
<tr><th>职业功能模块（模块）</th><th>培训内容（课程）</th><th>技能目标</th><th>培训细目</th><th>学习单元</th><th>课程内容</th><th>培训建议</th><th>课堂学时</th></tr>
<tr><td rowspan="7">2．接待服务</td><td rowspan="7">2–3　点菜服务</td><td rowspan="5">2–3–1　能根据宾客需求点菜品</td><td rowspan="5">（1）为宾客点中餐菜品
（2）使用点菜机</td><td rowspan="2">（1）菜品常识</td><td>1）菜品品种及特点</td><td rowspan="2">（1）方法：讲授法
（2）重点：菜品品种及特点
（3）难点：中餐菜单结构</td><td rowspan="2">4</td></tr>
<tr><td>2）中餐菜单介绍</td></tr>
<tr><td rowspan="3">（2）中餐点菜服务</td><td>1）中餐点菜服务基本程序</td><td rowspan="3">（1）方法：讲授法、情景表演法
（2）重点：点菜服务方法
（3）难点：满足宾客的需求与销售技巧</td><td rowspan="3">4</td></tr>
<tr><td>2）中餐菜品推销及服务技巧</td></tr>
<tr><td>3）电子点菜系统的使用</td></tr>
<tr><td rowspan="2">2–3–2　能根据宾客需求点酒水</td><td rowspan="2">（1）为宾客点酒水</td><td rowspan="2">（3）中餐点酒水服务</td><td>1）点酒水服务基本程序</td><td rowspan="2">（1）方法：讲授法、情景表演法
（2）重点：点酒服务方法
（3）难点：满足宾客的需求与销售技巧</td><td rowspan="2">2</td></tr>
<tr><td>2）酒水推销和服务技巧</td></tr>
<tr><td rowspan="10">3．餐间服务</td><td rowspan="10">3–1　上菜服务</td><td rowspan="3">3–1–1　能传菜</td><td rowspan="3">（1）传菜准备
（2）检查订单和菜品
（3）传送菜品</td><td rowspan="3">（1）传菜服务</td><td>1）传菜要求</td><td rowspan="3">（1）方法：项目教学法
（2）重点与难点：传菜要领</td><td rowspan="3">1</td></tr>
<tr><td>2）传菜流程</td></tr>
<tr><td>3）传菜要领</td></tr>
<tr><td rowspan="3">3–1–2　能定位上菜</td><td rowspan="3">（1）确定零点上菜位置
（2）确定宴会上菜位置</td><td rowspan="7">（2）一般菜品上菜</td><td>1）中餐上菜流程</td><td rowspan="7">（1）方法：项目教学法
（2）重点与难点：上菜服务流程及上菜时机的把握</td><td rowspan="7">4</td></tr>
<tr><td>2）中餐上菜要领</td></tr>
<tr><td>3）中餐上菜位置</td></tr>
<tr><td rowspan="2">3–1–3　能按顺序上菜</td><td rowspan="2">（1）按顺序上菜
（2）正确摆放</td><td>4）上菜时机</td></tr>
<tr><td>5）菜品摆放</td></tr>
<tr><td rowspan="2">3–1–4　能报菜名</td><td rowspan="2">（1）报菜名
（2）介绍菜品</td><td>6）报菜名</td></tr>
<tr><td>7）灵活介绍菜品</td></tr>
</table>

续表

<table>
<tr><th colspan="4">2.1.2　初级职业技能培训要求</th><th colspan="4">2.2.2　初级职业技能培训课程规范</th></tr>
<tr><th>职业功能模块（模块）</th><th>培训内容（课程）</th><th>技能目标</th><th>培训细目</th><th>学习单元</th><th>课程内容</th><th>培训建议</th><th>课堂学时</th></tr>
<tr><td rowspan="9">3．餐间服务</td><td rowspan="2">3-1　上菜服务</td><td rowspan="2">3-1-5　能进行特殊菜品上菜</td><td rowspan="2">（1）上原盅炖品菜
（2）上有响声菜
（3）上跟用作料菜
（4）上拔丝菜
（5）上泥包、纸包、荷叶包菜
（6）上带酒精炉菜</td><td rowspan="2">（3）特殊菜品上菜</td><td>1）特殊菜品知识</td><td rowspan="2">（1）方法：讲授法、观摩法
（2）重点与难点：特殊菜品上菜服务需注意的细节</td><td rowspan="2">2</td></tr>
<tr><td>2）特殊菜品上菜服务</td></tr>
<tr><td rowspan="7">3-2　酒水服务</td><td>3-2-1　能根据酒水选用酒杯</td><td>（1）选择白酒杯
（2）选择啤酒杯
（3）选择饮料杯</td><td>（1）根据酒水选用酒杯</td><td>1）选择酒杯、酒具
①白酒
②啤酒
③饮料</td><td>（1）方法：讲授法、演示法、实训法
（2）重点与难点：正确选择酒杯、酒具</td><td>2</td></tr>
<tr><td rowspan="2">3-2-2　能开启各类酒水</td><td rowspan="2">（1）开启白酒
（2）开启啤酒
（3）开启饮料</td><td rowspan="2">（2）开启各类酒水</td><td>1）展示酒水</td><td rowspan="2">（1）方法：演示法、实训法
（2）重点与难点：正确展示和开启酒水</td><td rowspan="2">4</td></tr>
<tr><td>2）开启酒水
①白酒
②啤酒
③饮料</td></tr>
<tr><td rowspan="4">3-2-3　能徒手斟酒水</td><td rowspan="4">（1）徒手斟白酒
（2）徒手斟啤酒
（3）徒手斟饮料</td><td rowspan="4">（3）徒手斟酒水</td><td>1）斟酒姿势与站位</td><td rowspan="4">（1）方法：讲授法、演示法、实训法
（2）重点与难点：斟酒时机把握及斟酒标准</td><td rowspan="4">6</td></tr>
<tr><td>2）斟酒标准</td></tr>
<tr><td>3）斟酒时机</td></tr>
<tr><td>4）徒手斟酒</td></tr>
</table>

续表

2.1.2 初级职业技能培训要求				2.2.2 初级职业技能培训课程规范			
职业功能模块（模块）	培训内容（课程）	技能目标	培训细目	学习单元	课程内容	培训建议	课堂学时
3．餐间服务	3-3 撤换餐用具	3-3-1 能撤换餐具	（1）撤换食具 （2）撤换酒具 （3）撤换茶具	（1）撤换餐用具	1）时机把握 2）位置 3）注意事项	（1）方法：讲授法、演示法、实训法 （2）重点：撤换餐用具的注意事项 （3）难点：撤换餐用具的时机把握	2
		3-3-2 能撤换用具	（1）撤筷套等 （2）撤换小毛巾等				
4．餐后服务	4-1 送客服务	4-1-1 能礼貌送客	（1）餐后打包 （2）送客 （3）餐后餐厅检查	（1）宾客离席及送客	1）宾客离席及送客服务 2）注意事项	（1）方法：讲授法、角色扮演法 （2）重点与难点：礼貌送客	2
	4-2 清理餐桌	4-2-1 能按顺序收台	（1）按顺序收台	（1）餐后收台	1）收台顺序 2）收台要求	（1）方法：讲授法、实训法 （2）重点与难点：收台的顺序及注意事项	2
		4-2-2 能清洁台面	（1）擦拭台面 （2）消毒台面	（2）清洁台面	1）台面擦拭 2）台面消毒	（1）方法：讲授法、演示法 （2）重点与难点：台面清洁的要求	1
课堂学时合计							80

附录 3　中级职业技能培训要求与课程规范对照表

<table>
<tr><th colspan="4">2.1.3　中级职业技能培训要求</th><th colspan="4">2.2.3　中级职业技能培训课程规范</th></tr>
<tr><th>职业功能模块（模块）</th><th>培训内容（课程）</th><th>技能目标</th><th>培训细目</th><th>学习单元</th><th>课程内容</th><th>培训建议</th><th>课堂学时</th></tr>
<tr><td rowspan="15">1. 餐前准备</td><td rowspan="11">1-1　摆台</td><td rowspan="2">1-1-1　能铺西餐便餐台台布</td><td rowspan="2">（1）铺方桌西餐便餐台台布
（2）铺长方桌西餐便餐台台布</td><td rowspan="3">（1）西餐便餐台摆台</td><td>1）西餐便餐台种类、特点</td><td rowspan="3">（1）方法：项目教学法、实训法
（2）重点与难点：西餐便餐台摆台标准及要求</td><td rowspan="3">4</td></tr>
<tr><td>2）西餐便餐台铺台布要求与方法</td></tr>
<tr><td>1-1-2　能摆放西餐便餐台餐具</td><td>（1）西餐便餐台早餐摆台
（2）西餐便餐台午、晚餐摆台</td><td>3）西餐便餐台摆放
①早餐台的餐用具摆放
②午餐台的餐用具摆放
③晚餐台的餐用具的摆放</td></tr>
<tr><td rowspan="3">1-1-3　能摆放中餐宴会台面餐具</td><td rowspan="3">（1）普通中餐宴会摆台</td><td rowspan="3">（2）中餐宴会摆台</td><td>1）中餐宴会概述</td><td rowspan="3">（1）方法：讲授法、项目教学法、实训法
（2）重点与难点：中餐宴会餐台特点及摆台标准与要求</td><td rowspan="3">12</td></tr>
<tr><td>2）中餐宴会餐台特点</td></tr>
<tr><td>3）中餐宴会摆台标准与要求</td></tr>
<tr><td rowspan="2">1-1-4　能进行自助餐摆台</td><td rowspan="2">（1）自助餐摆台</td><td rowspan="2">（3）自助餐摆台</td><td>1）自助餐介绍</td><td rowspan="2">（1）方法：讲授法
（2）重点与难点：自助餐摆台要求</td><td rowspan="2">2</td></tr>
<tr><td>2）自助餐摆台要求</td></tr>
<tr><td rowspan="3">1-1-5　能进行会议摆台</td><td rowspan="3">（1）摆放饮品
（2）摆放桌签
（3）摆放会议物品</td><td rowspan="3">（4）会议摆台</td><td>1）会议服务介绍</td><td rowspan="3">（1）方法：讲授法、项目教学法
（2）重点与难点：会议摆台要求</td><td rowspan="3">1</td></tr>
<tr><td>2）会议台型布局</td></tr>
<tr><td>3）会议摆台要求</td></tr>
<tr><td rowspan="4">1-2　餐巾折花</td><td rowspan="2">1-2-1　能折叠 20 种杯花、5 种盘花</td><td rowspan="2">（1）杯花的折叠
（2）盘花的折叠</td><td>（1）20 种杯花折叠</td><td>1）20 种杯花折叠</td><td>（1）方法：实物示教法、实训法
（2）重点与难点：熟练折叠，一次折叠成型</td><td>8</td></tr>
<tr><td>（2）5 种盘花折叠</td><td>1）5 种盘花折叠</td><td>（1）方法：实物示教法、实训法
（2）重点与难点：熟练折叠，确保盘花造型的美观</td><td>4</td></tr>
<tr><td rowspan="2">1-2-2　能根据宴会台面选择和摆放餐巾花</td><td rowspan="2">（1）按照宴会台面选择餐巾花
（2）按照宴会台面摆放餐巾花</td><td rowspan="2">（3）宴会台面餐巾花选择和摆放</td><td>1）宴会台面餐巾花要求</td><td rowspan="2">（1）方法：讲授法、演示法
（2）重点与难点：宴会台面餐巾花的选择与正确摆放</td><td rowspan="2">1</td></tr>
<tr><td>2）根据宴会台面选择和摆放餐巾花</td></tr>
</table>

续表

<table>
<tr><th colspan="4">2.1.3　中级职业技能培训要求</th><th colspan="4">2.2.3　中级职业技能培训课程规范</th></tr>
<tr><th>职业功能模块（模块）</th><th>培训内容（课程）</th><th>技能目标</th><th>培训细目</th><th>学习单元</th><th>课程内容</th><th>培训建议</th><th>课堂学时</th></tr>
<tr><td rowspan="9">2．接待服务</td><td rowspan="2">2-1　礼仪接待</td><td rowspan="2">2-1-1　能判断不同宾客类型并针对需求安排席位</td><td rowspan="2">（1）判断宾客类型
（2）中餐宴会餐位安排</td><td rowspan="2">（1）餐位安排</td><td>1）判断宾客类型
①按年龄、性格、消费类型、消费目的及国别分类
②按宗教信仰分类等</td><td rowspan="2">（1）方法：讲授法
（2）重点与难点：中餐宴会餐位安排</td><td rowspan="2">2</td></tr>
<tr><td>2）中餐宴会餐位安排</td></tr>
<tr><td rowspan="7">2-2　出品介绍</td><td rowspan="2">2-2-1　能介绍西餐菜品的名称和特色</td><td rowspan="2">（1）介绍西餐菜品原材料
（2）介绍西餐菜品加工及烹饪方法</td><td rowspan="2">（1）介绍西餐菜品</td><td>1）西餐菜品原材料种类、特点及菜品命名</td><td rowspan="2">（1）方法：讲授法、实训法
（2）重点与难点：西餐菜品介绍要求</td><td rowspan="2">4</td></tr>
<tr><td>2）西餐菜品加工及烹饪方法</td></tr>
<tr><td>2-2-2　能介绍菜品典故</td><td>（1）介绍菜品典故</td><td>（2）介绍菜品典故</td><td>1）介绍经典菜品的典故</td><td>（1）方法：讲授法
（2）重点与难点：了解和掌握菜品典故</td><td>2</td></tr>
<tr><td rowspan="2">2-2-3　能介绍菜品的营养特点</td><td rowspan="2">（1）介绍中餐菜品的营养特点
（2）介绍西餐菜品的营养特点</td><td rowspan="2">（3）介绍菜品营养特点</td><td>1）中餐菜品的营养特点</td><td rowspan="2">（1）方法：讲授法
（2）重点与难点：菜品营养特点</td><td rowspan="2">4</td></tr>
<tr><td>2）西餐菜品的营养特点</td></tr>
<tr><td rowspan="2">2-2-4　能介绍酒水的名称和特色</td><td rowspan="2">（1）介绍外国酒的分类和特点
（2）介绍外国酒的饮用方法</td><td rowspan="2">（4）介绍外国酒</td><td>1）外国酒的分类和特点</td><td rowspan="2">（1）方法：讲授法
（2）重点与难点：外国酒的特点及饮用方法</td><td rowspan="2">2</td></tr>
<tr><td>2）外国酒的饮用方法</td></tr>
</table>

续表

<table>
<tr><th colspan="4">2.1.3 中级职业技能培训要求</th><th colspan="4">2.2.3 中级职业技能培训课程规范</th></tr>
<tr><th>职业功能模块（模块）</th><th>培训内容（课程）</th><th>技能目标</th><th>培训细目</th><th>学习单元</th><th>课程内容</th><th>培训建议</th><th>课堂学时</th></tr>
<tr><td rowspan="5">2. 接待服务</td><td rowspan="5">2-3 点菜服务</td><td rowspan="3">2-3-1 能根据宾客需求点菜品</td><td rowspan="3">(1) 介绍西餐的构成及特点
(2) 介绍西式点心的种类及特点
(3) 为宾客点西餐菜品</td><td rowspan="3">(1) 西餐点菜服务</td><td>1) 西餐菜品种类及特点</td><td rowspan="3">(1) 方法：项目教学法、实训法
(2) 重点：西餐点菜服务流程与标准
(3) 难点：西餐菜品销售技巧</td><td rowspan="3">4</td></tr>
<tr><td>2) 西餐点菜服务程序</td></tr>
<tr><td>3) 西餐菜品销售技巧</td></tr>
<tr><td rowspan="2">2-3-2 能根据宾客需求点酒水</td><td rowspan="2">(1) 为宾客点西餐酒水</td><td rowspan="2">(2) 西餐点酒水服务</td><td>1) 西餐点酒水服务程序</td><td rowspan="2">(1) 方法：讲授法、情景表演法
(2) 重点与难点：西餐点酒水服务程序</td><td rowspan="2">3</td></tr>
<tr><td>2) 西餐餐酒搭配常识</td></tr>
<tr><td rowspan="10">3. 餐间服务</td><td rowspan="2">3-1 西餐上菜服务</td><td rowspan="2">3-1-1 能按顺序上菜与摆放</td><td rowspan="2">(1) 按顺序上菜与摆放</td><td rowspan="2">(1) 西餐上菜</td><td>1) 西式早餐上菜服务程序</td><td rowspan="2">(1) 方法：讲授法、实训法
(2) 重点与难点：西餐上菜服务要求及上菜时机把握</td><td rowspan="2">4</td></tr>
<tr><td>2) 咖啡厅正餐服务程序</td></tr>
<tr><td rowspan="2">3-2 自助餐服务</td><td rowspan="2">3-2-1 能进行自助餐服务</td><td rowspan="2">(1) 自助餐菜台服务
(2) 自助餐餐台服务</td><td rowspan="2">(1) 自助餐服务</td><td>1) 自助餐菜台服务</td><td rowspan="2">(1) 方法：讲授法
(2) 重点与难点：自助餐菜台服务</td><td rowspan="2">2</td></tr>
<tr><td>2) 自助餐餐台服务</td></tr>
<tr><td rowspan="2">3-3 分菜服务</td><td rowspan="2">3-3-1 能分炒菜、汤菜</td><td rowspan="2">(1) 分炒菜
(2) 分汤菜</td><td rowspan="2">(1) 中餐分菜服务</td><td>1) 中餐分菜工具及其使用
①服务叉勺
②公用勺、公用筷
③长把汤勺</td><td rowspan="2">(1) 方法：讲授法
(2) 重点与难点：中餐分菜服务基本原则及方法</td><td rowspan="2">4</td></tr>
<tr><td>2) 中餐分菜基本原则和方法
①餐位分菜法
②转台分菜法
③服务桌分菜法</td></tr>
<tr><td rowspan="4">3-4 酒水服务</td><td rowspan="4">3-4-1 能进行黄酒服务</td><td rowspan="4">(1) 黄酒服务</td><td rowspan="4">(1) 黄酒侍酒服务</td><td>1) 准备黄酒酒具</td><td rowspan="4">(1) 方法：讲授法、演示法
(2) 重点与难点：黄酒侍酒服务准备</td><td rowspan="4">2</td></tr>
<tr><td>2) 开酒</td></tr>
<tr><td>3) 温酒</td></tr>
<tr><td>4) 斟酒</td></tr>
</table>

续表

2.1.3 中级职业技能培训要求				2.2.3 中级职业技能培训课程规范			
职业功能模块（模块）	培训内容（课程）	技能目标	培训细目	学习单元	课程内容	培训建议	课堂学时
3．餐间服务	3-5 撤换餐具	3-5-1 能根据菜单内容调整中餐餐具	（1）撤换餐具 （2）根据菜单内容调整餐具	（1）餐具撤换与调整	1）餐具与菜品搭配原则	（1）方法：讲授法 （2）重点与难点：撤换、调整餐具的方法	2
					2）撤换、调整餐具的方法		
		3-5-2 能撤换自助餐餐具	（1）适时、快速撤换餐具		3）自助餐餐具撤换时机把握		
4．餐后服务	4-1 结账服务	4-1-1 能为宾客准确、快捷结账服务	（1）现金结账 （2）信用卡结账 （3）支票结账 （4）电子支付	（1）结账收银	1）餐厅结账方式 ①现金结账 ②信用卡结账 ③支票结账 ④电子支付（微信、支付宝等）	（1）方法：讲授法、案例教学法、角色扮演法 （2）重点：准确、快捷结账服务 （3）难点：支票结账注意事项	2
					2）餐厅结账程序		
	4-2 送客服务	4-2-1 能进行礼貌送客服务	（1）礼貌送客 （2）送客服务内容	（1）送客服务	1）提醒客人带好随身携带物品	（1）方法：讲授法、案例教学法 （2）重点与难点：礼貌送客	1
					2）礼貌致谢、送客		
					3）邀请客人再次光临		
	4-3 酒具保洁	4-3-1 能清洁酒具	（1）选用清洁剂 （2）清洁酒具	（1）清洁、消毒酒具	1）清洁酒具 ①清洁剂的选用和配制 ②清洁的方法	（1）方法：讲授法 （2）重点与难点：正确选用洗涤剂	2
		4-3-2 能给酒具消毒	（1）选用消毒剂 （2）给酒具消毒		2）消毒酒具 ①瓷酒具消毒（消毒剂选用、配制及消毒方法） ②玻璃酒具消毒（消毒剂选用、配制及消毒方法）		
课堂学时合计							72

附录 4　高级职业技能培训要求与课程规范对照表

<table>
<tr><th colspan="4">2.1.4　高级职业技能培训要求</th><th colspan="4">2.2.4　高级职业技能培训课程规范</th></tr>
<tr><th>职业功能模块（模块）</th><th>培训内容（课程）</th><th>技能目标</th><th>培训细目</th><th>学习单元</th><th>课程内容</th><th>培训建议</th><th>课堂学时</th></tr>
<tr><td rowspan="9">1. 餐前准备</td><td rowspan="9">1-1　插花</td><td rowspan="7">1-1-1　能为中餐台面插花</td><td rowspan="7">（1）中餐台面插花的花材选择
（2）按照基本程序和方法进行插花
（3）3 种以上花型设计和插花</td><td rowspan="4">（1）插花准备</td><td>1）插花艺术的特点和要求</td><td rowspan="4">（1）方法：讲授法、实物示教法
（2）重点与难点：花材的选择与处理</td><td rowspan="4">4</td></tr>
<tr><td>2）花材的选择及处理</td></tr>
<tr><td>3）插花工具的使用</td></tr>
<tr><td>4）选择花材的方法</td></tr>
<tr><td>（2）插花基本程序与方法</td><td>1）插花的基本方法
①花材造型加工
②花材固定</td><td>（1）方法：讲授法、实物示教法、实训法
（2）重点与难点：插花的基本方法</td><td>4</td></tr>
<tr><td rowspan="2">（3）中餐台面插花</td><td>1）中餐厅常用的插花花型</td><td rowspan="2">（1）方法：实物示教法、实训法
（2）重点与难点：组合式插花</td><td rowspan="2">4</td></tr>
<tr><td>2）中餐宴会花台</td></tr>
<tr><td rowspan="2">1-1-2　能为西餐台面插花</td><td rowspan="2">（1）西餐台面的花材选择
（2）按照基本程序和方法进行插花
（3）3 种以上花型设计和插花</td><td rowspan="2">（4）西餐台面插花</td><td>1）西餐厅常用的插花花型</td><td rowspan="2">（1）方法：实物示教法、实训法
（2）重点与难点：组合式插花</td><td rowspan="2">4</td></tr>
<tr><td>2）西餐宴会花台</td></tr>
</table>

续表

<table>
<tr><th colspan="4">2.1.4　高级职业技能培训要求</th><th colspan="4">2.2.4　高级职业技能培训课程规范</th></tr>
<tr><th>职业功能模块（模块）</th><th>培训内容（课程）</th><th>技能目标</th><th>培训细目</th><th>学习单元</th><th>课程内容</th><th>培训建议</th><th>课堂学时</th></tr>
<tr><td rowspan="6">1．餐前准备</td><td rowspan="6">1-2　摆台</td><td rowspan="2">1-2-1　能摆放中餐主题宴会台面</td><td rowspan="2">（1）生日宴会摆台
（2）婚宴摆台
（3）商务宴会摆台</td><td rowspan="2">（1）中餐主题宴会摆台</td><td>1）中餐主题宴会介绍</td><td rowspan="2">（1）方法：讲授法、案例教学法、实训法
（2）重点与难点：主题宴会的台面特点</td><td rowspan="2">10</td></tr>
<tr><td>2）常见中餐主题宴会摆台及要求
①商务宴
②生日宴
③婚宴</td></tr>
<tr><td rowspan="4">1-2-2　能放摆西餐宴会台面</td><td rowspan="4">（1）西餐宴会摆台</td><td rowspan="4">（2）西餐宴会摆台</td><td>1）西餐宴会的种类及特点
①宴会
②冷餐会
③鸡尾酒会</td><td rowspan="4">（1）方法：讲授法、项目教学法、实训法
（2）重点与难点：西餐宴会摆台方法及要求</td><td rowspan="4">16</td></tr>
<tr><td>2）西餐宴会餐具、酒具、用具介绍</td></tr>
<tr><td>3）西餐宴会台布铺设方法</td></tr>
<tr><td>4）西餐宴会摆台方法及要求</td></tr>
<tr><td rowspan="6">2．接待服务</td><td rowspan="2">2-1　礼仪接待</td><td rowspan="2">2-1-1　能进行预订服务</td><td rowspan="2">（1）散客预订
（2）宴会、团队餐预订</td><td rowspan="2">（1）预订服务</td><td>1）散客预订</td><td rowspan="2">（1）方法：讲授法、案例教学法
（2）重点与难点：预订服务程序、内容及要求</td><td rowspan="2">2</td></tr>
<tr><td>2）宴会、团队餐预订</td></tr>
<tr><td rowspan="4">2-2　出品介绍</td><td rowspan="2">2-2-1　能介绍中餐宴会菜品组合特点</td><td rowspan="2">（1）中餐宴会菜品品种组合
（2）中餐宴会菜品营养组合</td><td rowspan="2">（1）中餐宴会菜品组合特点</td><td>1）中餐宴会菜品组合原则</td><td rowspan="2">（1）方法：讲授法、项目教学法
（2）重点与难点：不同中餐主题宴会菜单的介绍</td><td rowspan="2">4</td></tr>
<tr><td>2）中餐主题宴会菜单介绍</td></tr>
<tr><td rowspan="2">2-2-2　能介绍西餐宴会菜品组合特点</td><td rowspan="2">（1）西餐宴会菜品品种组合
（2）西餐宴会营养组合</td><td rowspan="2">（2）西餐宴会菜品组合特点</td><td>1）西餐宴会菜品组合原则</td><td rowspan="2">（1）方法：讲授法、项目教学法
（2）重点与难点：不同西餐主题宴会菜单的介绍</td><td rowspan="2">4</td></tr>
<tr><td>2）西餐主题宴会菜单介绍</td></tr>
</table>

续表

<table>
<tr><th colspan="4">2.1.4 高级职业技能培训要求</th><th colspan="4">2.2.4 高级职业技能培训课程规范</th></tr>
<tr><th>职业功能模块（模块）</th><th>培训内容（课程）</th><th>技能目标</th><th>培训细目</th><th>学习单元</th><th>课程内容</th><th>培训建议</th><th>课堂学时</th></tr>
<tr><td rowspan="11">2. 接待服务</td><td rowspan="11">2-3 茶艺服务</td><td rowspan="2">2-3-1 能识别红茶、绿茶、花茶</td><td rowspan="2">（1）识别红茶、绿茶、花茶</td><td rowspan="2">（1）红茶、绿茶、花茶简介</td><td>1）茶叶的种类及特点</td><td rowspan="2">（1）方法：讲授法、实物示教法
（2）重点与难点：不同种类茶叶的特点及识别</td><td rowspan="2">2</td></tr>
<tr><td>2）红茶、绿茶、花茶的识别</td></tr>
<tr><td rowspan="9">2-3-2 能冲泡红茶、绿茶、花茶</td><td rowspan="9">（1）冲泡红茶
（2）冲泡绿茶
（3）冲泡花茶</td><td rowspan="3">（2）红茶服务</td><td>1）红茶服务器具</td><td rowspan="3">（1）方法：讲授法、演示法、实物示教法
（2）重点与难点：红茶的冲泡方法</td><td rowspan="3">2</td></tr>
<tr><td>2）红茶的冲泡</td></tr>
<tr><td>3）红茶饮用注意事项</td></tr>
<tr><td rowspan="3">（3）绿茶服务</td><td>1）绿茶服务器具</td><td rowspan="3">（1）方法：讲授法、演示法、实物示教法
（2）重点与难点：绿茶的冲泡方法及注意事项</td><td rowspan="3">2</td></tr>
<tr><td>2）绿茶的冲泡</td></tr>
<tr><td>3）绿茶饮用注意事项</td></tr>
<tr><td rowspan="3">（4）花茶服务</td><td>1）花茶服务器具</td><td rowspan="3">（1）方法：讲授法、演示法、实物示教法
（2）重点与难点：花茶的冲泡方法</td><td rowspan="3">2</td></tr>
<tr><td>2）花茶的冲泡</td></tr>
<tr><td>3）花茶饮用注意事项</td></tr>
<tr><td rowspan="7">3. 餐间服务</td><td rowspan="7">3-1 分菜服务</td><td rowspan="4">3-1-1 能分整形菜</td><td rowspan="4">（1）分整形菜</td><td rowspan="4">（1）整形菜分菜</td><td>1）整形菜的分类</td><td rowspan="4">（1）方法：讲授法、演示法、观摩法
（2）重点与难点：整形菜分菜服务标准及注意事项</td><td rowspan="4">3</td></tr>
<tr><td>2）整形菜的特点</td></tr>
<tr><td>3）整形菜分菜标准及要求</td></tr>
<tr><td>4）整形菜分菜注意事项</td></tr>
<tr><td rowspan="3">3-1-2 能进行特殊菜品服务</td><td rowspan="3">（1）分铁板类菜品
（2）分卷食类菜品
（3）分拔丝类菜品</td><td rowspan="3">（2）特殊菜品服务</td><td>1）铁板类菜品分菜</td><td rowspan="3">（1）方法：讲授法、演示法、观摩法
（2）重点与难点：特殊菜分菜服务准备及要求</td><td rowspan="3">3</td></tr>
<tr><td>2）卷食类菜品分菜</td></tr>
<tr><td>3）拔丝类菜品服务</td></tr>
</table>

续表

2.1.4 高级职业技能培训要求				2.2.4 高级职业技能培训课程规范			
职业功能模块（模块）	培训内容（课程）	技能目标	培训细目	学习单元	课程内容	培训建议	课堂学时
3．餐间服务	3-1 分菜服务	3-1-3 能进行西餐分菜服务	（1）法式分菜服务 （2）俄式分菜服务	（3）西餐分菜服务	1）法式分菜服务	（1）方法：讲授法、演示法、观摩法 （2）重点与难点：法式、俄式分菜服务	4
					2）俄式分菜服务		
	3-2 酒水服务	3-2-1 能服务葡萄酒	（1）葡萄酒服务	（1）葡萄酒侍酒服务	1）葡萄酒服务用具	（1）方法：项目教学法、实训法 （2）重点与难点：红葡萄酒侍酒服务、白葡萄酒侍酒服务	8
					2）红葡萄酒侍酒服务 ①示酒 ②开酒 ③服务酒水		
					3）白葡萄酒侍酒服务		
		3-2-2 能服务汽酒	（2）汽酒服务	（2）汽酒侍酒服务	1）汽酒服务用具	（1）方法：项目教学法、实训法 （2）重点与难点：汽酒侍酒服务准备及开启	2
					2）汽酒的开启		
					3）汽酒侍酒服务		
4．餐厅管理	4-1 酒水管理	4-1-1 能感官鉴别酒水质量	（1）酒水质量感官鉴别的一般方法	（1）酒水质量感官鉴别	1）酒水质量感官鉴别的一般方法 ①外观鉴别 ②气味鉴别 ③滋味鉴别 ④酒度鉴别	（1）方法：讲授法、案例教学法 （2）重点与难点：酒水质量的感官鉴别	1
		4-1-2 能储藏酒水并履行出入库手续	（1）根据不同酒水储藏要求进行储藏 （2）按要求完成酒水出入库手续	（2）酒水的储藏及出入库	1）白酒的储藏	（1）方法：讲授法 （2）重点与难点：酒水的储藏方法和酒水出入库工作流程	1
					2）啤酒的储藏		
					3）黄酒的储藏		
					4）汽酒的储藏		
					5）葡萄酒的储藏		
					6）酒水出入库手续		

续表

2.1.4 高级职业技能培训要求				2.2.4 高级职业技能培训课程规范			
职业功能模块（模块）	培训内容（课程）	技能目标	培训细目	学习单元	课程内容	培训建议	课堂学时
4．餐厅管理	4–2 器皿管理	4–2–1 能保养水晶、金银器等高档餐具、酒具	（1）水晶、金银、玉雕餐酒具及装饰器皿的清洁、保养与储存	（1）高档餐酒具及装饰器皿的清洁、保养与储存	1）水晶高档餐酒具、装饰器皿的清洁、保养与储存 ①水晶制品的特点 ②清洁、保养与储存	（1）方法：讲授法、案例教学法 （2）重点与难点：水晶、金银等餐酒具及装饰器皿的保养	2
					2）金银餐酒具及装饰器皿的清洁、保养与储存 ①金银制品的特点 ②清洁、保养与储存		
					3）玉雕装饰器皿的清洁、保养与储存 ①玉雕制品的特点 ②清洁、保养与储存		
	4–3 服务质量管理	4–3–1 餐厅管理基础知识	（1）餐厅管理基础知识	（1）餐厅管理基础知识	1）服务质量管理基本知识 ①服务质量管理的定义 ②服务质量管理的内容 ③餐前例会流程及内容	（1）方法：讲授法、案例教学法 （2）重点与难点：餐前例会，餐台布局与摆放缺陷的判别	2
		4–3–2 能纠正服务过程中不符合服务程序、服务规范等质量问题	（1）纠正不符合服务程序的餐厅服务质量问题	（2）服务流程、服务规范等质量问题的纠正	1）餐厅服务规范化管理和过程管理	（1）方法：讲授法、案例教学法 （2）重点与难点：不符合服务流程、服务规范与标准的质量问题的补救	4
					2）服务流程和服务规范常见质量问题的补救		
					3）餐饮服务中特殊问题的处理案例分析		
课堂学时合计							90

附录 5　技师职业技能培训要求与课程规范对照表

<table>
<tr><td colspan="4">2.1.5　技师职业技能培训要求</td><td colspan="4">2.2.5　技师职业技能培训课程规范</td></tr>
<tr><td>职业功能模块（模块）</td><td>培训内容（课程）</td><td>技能目标</td><td>培训细目</td><td>学习单元</td><td>课程内容</td><td>培训建议</td><td>课堂学时</td></tr>
<tr><td rowspan="18">1. 餐前准备</td><td rowspan="18">1-1 就餐环境设计与布置</td><td rowspan="11">1-1-1 能设计与布置中餐主题宴会就餐环境</td><td rowspan="11">（1）设计与布置中餐婚宴宴会环境
（2）设计与布置中餐生日宴会环境
（3）设计与布置中餐商务宴会环境
（4）设计与布置中餐庆祝类宴会环境
（5）设计与布置中餐答谢宴会环境</td><td rowspan="6">（1）主题宴会的环境要求</td><td>1）宴会环境类别</td><td rowspan="6">（1）方法：讲授法、案例教学法、讨论法
（2）重点与难点：不同中西餐主题宴会环境的要求及特点</td><td rowspan="6">3</td></tr>
<tr><td>2）婚宴环境要求</td></tr>
<tr><td>3）生日宴环境要求</td></tr>
<tr><td>4）商务宴会环境要求</td></tr>
<tr><td>5）庆祝类宴会环境要求</td></tr>
<tr><td>6）答谢宴会环境要求</td></tr>
<tr><td rowspan="8">（2）主题宴会环境设计</td><td>1）宴会环境设计原则</td><td rowspan="8">（1）方法：讲授法、案例教学法、讨论法
（2）重点与难点：通过宴会环境的设计突出宴会的主题</td><td rowspan="8">3</td></tr>
<tr><td>2）色彩设计</td></tr>
<tr><td>3）灯光设计</td></tr>
<tr><td>4）地面、墙面、天花板设计</td></tr>
<tr><td>5）背景音乐设计</td></tr>
<tr><td rowspan="7">1-1-2 能设计与布置西餐主题宴会就餐环境</td><td rowspan="7">（1）设计与布置西餐婚宴宴会环境
（2）设计与布置西餐生日宴会环境
（3）设计与布置西餐商务宴会环境
（4）设计与布置西餐庆祝类宴会环境
（5）设计与布置西餐答谢宴会环境</td><td>6）温湿度设置</td></tr>
<tr><td>7）微缩景观设计</td></tr>
<tr><td>8）绿植设计</td></tr>
<tr><td rowspan="4">（3）主题宴会环境布置</td><td>1）布置要求</td><td rowspan="4">（1）方法：项目教学法
（2）重点与难点：中西餐主题宴会环境布置的要求及方法</td><td rowspan="4">4</td></tr>
<tr><td>2）布置步骤</td></tr>
<tr><td>3）布置方法</td></tr>
<tr><td>4）布置注意事项</td></tr>
</table>

续表

<table>
<tr><th colspan="4">2.1.5　技师职业技能培训要求</th><th colspan="4">2.2.5　技师职业技能培训课程规范</th></tr>
<tr><th>职业功能模块（模块）</th><th>培训内容（课程）</th><th>技能目标</th><th>培训细目</th><th>学习单元</th><th>课程内容</th><th>培训建议</th><th>课堂学时</th></tr>
<tr><td rowspan="16">1．餐前准备</td><td rowspan="16">1-2　餐台设计与布置</td><td rowspan="8">1-2-1　能设计与布置中餐主题宴会餐台</td><td rowspan="8">（1）设计与布置中餐婚宴宴会餐台
（2）设计与布置中餐生日宴会餐台
（3）设计与布置中餐商务宴会餐台</td><td rowspan="3">（1）主题宴会餐台设计要求与依据</td><td>1）主题宴会餐台特点</td><td rowspan="3">（1）方法：讲授法、案例教学法
（2）重点与难点：主题宴会餐台设计的要求及特点</td><td rowspan="3">2</td></tr>
<tr><td>2）主题宴会餐台设计依据</td></tr>
<tr><td>3）主题宴会餐台设计要求</td></tr>
<tr><td rowspan="10">（2）主题宴会餐台设计内容与方法</td><td>1）台型设计与布置</td><td rowspan="10">（1）方法：讲授法、案例教学法
（2）重点与难点：通过宴会餐台设计突出宴会的主题</td><td rowspan="10">4</td></tr>
<tr><td>2）席位设计与布置</td></tr>
<tr><td>3）台布、台裙设计与布置</td></tr>
<tr><td>4）餐台中央装饰设计与布置</td></tr>
<tr><td>5）餐巾花设计与布置</td></tr>
<tr><td rowspan="8">1-2-2　能设计与布置西餐主题宴会餐台</td><td rowspan="8">（1）设计与布置西餐婚宴宴会餐台
（2）设计与布置西餐生日宴会餐台
（3）设计与布置西餐商务宴会餐台</td><td>6）餐酒具选择与搭配</td></tr>
<tr><td>7）餐椅的装饰设计</td></tr>
<tr><td>8）菜单的设计与陈列</td></tr>
<tr><td>9）台号、席位卡等小件装饰品的设计与布置</td></tr>
<tr><td>10）斟酒的顺序与分量</td></tr>
<tr><td rowspan="3">（3）典型主题宴会餐台设计与布置</td><td>1）婚宴餐台设计</td><td rowspan="3">（1）方法：项目教学法
（2）重点与难点：主题宴会餐台设计与布置的要求及内容</td><td rowspan="3">4</td></tr>
<tr><td>2）生日宴会餐台设计</td></tr>
<tr><td>3）商务宴会餐台设计</td></tr>
</table>

续表

2.1.5 技师职业技能培训要求				2.2.5 技师职业技能培训课程规范			
职业功能模块（模块）	培训内容（课程）	技能目标	培训细目	学习单元	课程内容	培训建议	课堂学时
1．餐前准备	1-3 服务规程设计	1-3-1 能编制宴会服务程序	（1）中餐宴会服务程序编制 （2）西餐宴会服务程序编制	（1）宴会服务程序编制	1）宴会服务程序内容	（1）方法：讲授法、案例教学法 （2）重点与难点：宴会服务流程的设计与编制	4
					2）宴会服务程序编制要求		
					3）宴会服务程序编制方法		
		1-3-2 能安排培训宴会服务人员	（1）安排宴会服务人员分工 （2）制订服务工作计划 （3）进行宴会服务人员培训	（2）宴会服务人员分工	1）宴会服务人员数量预计及其分工	（1）方法：讲授法、案例教学法 （2）重点与难点：宴会服务人员的分工	1
				（3）宴会服务工作计划	1）宴会服务工作计划制订方法	（1）方法：讲授法、案例教学法 （2）重点与难点：宴会服务工作计划的制订	2
					2）宴会服务工作进度安排		
					3）服务人员职责与工作区域划分		
				（4）安排宴会服务人员培训	1）宴会服务人员培训内容	（1）方法：讲授法、案例教学法 （2）重点与难点：宴会服务人员培训需求分析及培训计划的制订	4
					2）宴会服务人员培训方法		
		1-3-3 能制定宴会服务控制预案	（1）制定人力资源控制预案 （2）制定场地布置控制预案 （3）制定物资资源控制预案 （4）制定宴会服务规程控制预案 （5）制定宴会服务过程控制预案	（5）控制预案编制规则与要求	1）控制预案编制规则	（1）方法：讲授法 （2）重点与难点：典型控制预案的编制方法	4
					2）控制预案编制要求		
					3）典型控制预案的编制 ①人力资源控制预案的制定方法 ②场地布置控制预案的制定方法 ③物资资源控制预案的制定方法 ④服务规程控制预案的制定方法 ⑤服务过程控制预案的制定方法		

续表

<table>
<tr><th colspan="4">2.1.5 技师职业技能培训要求</th><th colspan="4">2.2.5 技师职业技能培训课程规范</th></tr>
<tr><th>职业功能模块（模块）</th><th>培训内容（课程）</th><th>技能目标</th><th>培训细目</th><th>学习单元</th><th>课程内容</th><th>培训建议</th><th>课堂学时</th></tr>
<tr><td rowspan="14">2．接待服务</td><td rowspan="14">2–1 茶艺服务</td><td rowspan="10">2–1–1 能冲泡乌龙茶、普洱茶</td><td rowspan="10">（1）冲泡乌龙茶
（2）冲泡普洱茶</td><td rowspan="5">（1）乌龙茶服务</td><td>1）乌龙茶的种类及特点</td><td rowspan="5">（1）方法：讲授法、演示法、实训法
（2）重点与难点：乌龙茶冲泡方法</td><td rowspan="5">4</td></tr>
<tr><td>2）乌龙茶服务器具准备</td></tr>
<tr><td>3）乌龙茶的冲泡</td></tr>
<tr><td>4）乌龙茶奉茶服务</td></tr>
<tr><td>5）乌龙茶饮用注意事项</td></tr>
<tr><td rowspan="5">（2）普洱茶服务</td><td>1）普洱茶的特点</td><td rowspan="5">（1）方法：讲授法、演示法、实训法
（2）重点与难点：普洱茶冲泡方法</td><td rowspan="5">4</td></tr>
<tr><td>2）普洱茶服务器具准备</td></tr>
<tr><td>3）普洱茶的冲泡</td></tr>
<tr><td>4）普洱茶奉茶服务</td></tr>
<tr><td>5）普洱茶饮用注意事项</td></tr>
<tr><td rowspan="4">2–1–2 能煮紧压茶</td><td rowspan="4">（1）煮紧压茶</td><td rowspan="4">（3）紧压茶服务</td><td>1）紧压茶的种类及特点</td><td rowspan="4">（1）方法：讲授法、演示法、实训法
（2）重点与难点：紧压茶冲泡方法</td><td rowspan="4">4</td></tr>
<tr><td>2）紧压茶烹煮</td></tr>
<tr><td>3）紧压茶奉茶服务</td></tr>
<tr><td>4）紧压茶饮用注意事项</td></tr>
</table>

续表

2.1.5 技师职业技能培训要求				2.2.5 技师职业技能培训课程规范			
职业功能模块（模块）	培训内容（课程）	技能目标	培训细目	学习单元	课程内容	培训建议	课堂学时
2．接待服务	2-2 鸡尾酒调制	2-2-1 能调制鸡尾酒	(1) 摇和法调制鸡尾酒 (2) 调和法调制鸡尾酒 (3) 兑和法调制鸡尾酒 (4) 搅和法调制鸡尾酒 (5) 漂浮法调制鸡尾酒	(1) 鸡尾酒常识	1) 鸡尾酒的种类及特点 2) 鸡尾酒的常用器具 3) 调制鸡尾酒的原料 4) 装饰物	(1) 方法：讲授法 (2) 重点与难点：鸡尾酒调制常用器具与原料	2
				(2) 调制鸡尾酒	1) 调制鸡尾酒的步骤与要求 2) 摇和法调制鸡尾酒 3) 调和法调制鸡尾酒 4) 兑和法调制鸡尾酒 5) 搅和法调制鸡尾酒 6) 漂浮法调制鸡尾酒	(1) 方法：讲授法、演示法、实训法 (2) 重点与难点：鸡尾酒调制方法	4
3．餐厅管理	3-1 成本管理	3-1-1 能根据成本核算出品价格	(1) 主料、辅料、调料成本核算 (2) 餐饮出品成本核算 (3) 餐饮出品定价	(1) 成本核算的方法	1) 主料、辅料成本核算方法 2) 调料成本核算方法 3) 餐饮出品成本核算方法	(1) 方法：讲授法、实训法 (2) 重点与难点：成本核算方法	2
				(2) 餐饮出品定价方法	1) 影响餐饮产品定价的内部因素 2) 影响餐饮产品定价的外部因素 3) 餐饮出品毛利率定价法	(1) 方法：讲授法、实训法 (2) 重点与难点：餐饮产品定价方法	2

续表

<table>
<tr><th colspan="4">2.1.5 技师职业技能培训要求</th><th colspan="4">2.2.5 技师职业技能培训课程规范</th></tr>
<tr><th>职业功能模块（模块）</th><th>培训内容（课程）</th><th>技能目标</th><th>培训细目</th><th>学习单元</th><th>课程内容</th><th>培训建议</th><th>课堂学时</th></tr>
<tr><td rowspan="4">3. 餐厅管理</td><td rowspan="4">3-2 服务质量管理</td><td rowspan="3">3-2-1 能处理餐饮服务中菜品质量、服务态度等问题</td><td rowspan="3">（1）常见餐饮服务中菜品质量问题的处理
（2）常见餐饮服务态度问题的处理</td><td>（1）餐饮服务各阶段菜品质量的控制</td><td>1）餐前准备
2）点、配菜品
3）传菜
4）上菜、分菜
5）撤盘
6）顾客建议反馈</td><td>（1）方法：讲授法、案例教学法、讨论法
（2）重点与难点：餐饮服务各阶段菜品质量的控制</td><td>2</td></tr>
<tr><td>（2）菜肴质量问题及处理</td><td>1）常见菜品质量问题
2）常见菜品质量问题的处理
①发现问题菜品不上桌
②真诚致歉
③撤换菜品
④打折、送小礼物或免单
⑤向上级主管报告</td><td>（1）方法：讲授法、案例教学法、讨论法
（2）重点与难点：菜品质量问题的妥善处理</td><td>1</td></tr>
<tr><td>（3）常见餐饮服务态度问题及处理</td><td>1）职业认知与心态不正确
2）基本素质和业务能力不足
3）沟通技巧欠缺
4）其他问题</td><td>（1）方法：讲授法、案例教学法、讨论法
（2）重点与难点：服务态度问题的妥善处理</td><td>2</td></tr>
<tr><td>3-2-2 能制定服务项目考核标准</td><td>（1）餐前准备服务标准的制定
（2）迎宾服务标准的制定
（3）点菜服务标准的制定
（4）传菜服务标准的制定
（5）餐间服务标准的制定
（6）餐后结账送客服务标准的制定</td><td>（4）餐厅服务考核标准的制定</td><td>1）餐厅服务考核标准的内容
①餐前准备服务标准
②迎宾服务标准
③点菜服务标准
④传菜服务标准
⑤餐间服务标准
⑥餐后结账送客服务标准
2）考核标准制定方法</td><td>（1）方法：讲授法、项目教学法
（2）重点与难点：考核标准的制定方法</td><td>3</td></tr>
</table>

续表

<table>
<tr><th colspan="4">2.1.5　技师职业技能培训要求</th><th colspan="4">2.2.5　技师职业技能培训课程规范</th></tr>
<tr><th>职业功能模块（模块）</th><th>培训内容（课程）</th><th>技能目标</th><th>培训细目</th><th>学习单元</th><th>课程内容</th><th>培训建议</th><th>课堂学时</th></tr>
<tr><td rowspan="10">3．餐厅管理</td><td rowspan="10">3-3　营销管理</td><td rowspan="10">3-3-1　能制定餐厅主题活动营销方案</td><td rowspan="10">（1）餐厅主题活动营销方案的制定</td><td rowspan="2">（1）餐饮营销的概念和特点</td><td>1）餐饮营销的概念</td><td rowspan="2">（1）方法：讲授法
（2）重点与难点：树立全员营销意识</td><td rowspan="2">1</td></tr>
<tr><td>2）餐饮营销的特点
①有形与无形的统一
②兼顾内外营销
③连续性、针对性和一致性
④树立全员营销意识</td></tr>
<tr><td rowspan="4">（2）餐饮营销的手段</td><td>1）品牌营销</td><td rowspan="4">（1）方法：讲授法、案例教学法
（2）重点与难点：主题活动营销</td><td rowspan="4">1</td></tr>
<tr><td>2）公关营销</td></tr>
<tr><td>3）广告营销</td></tr>
<tr><td>4）主题活动营销</td></tr>
<tr><td rowspan="4">（3）餐厅主题活动营销方案的制定</td><td>1）明确活动目的</td><td rowspan="4">（1）方法：项目教学法
（2）重点与难点：餐厅主题活动营销方案的制定</td><td rowspan="4">3</td></tr>
<tr><td>2）突出活动主题</td></tr>
<tr><td>3）准确定位客户需求</td></tr>
<tr><td>4）选择活动营销手段</td></tr>
<tr><td rowspan="2">4．培训指导</td><td rowspan="2">4-1　专业培训</td><td rowspan="2">4-1-1　能编写培训教案</td><td rowspan="2">（1）培训教案的编写</td><td rowspan="2">（1）培训教案的编写</td><td>1）培训教案概述</td><td rowspan="2">（1）方法：讲授法、案例教学法
（2）重点与难点：培训需求的分析、培训方法的正确运用与培训效果的评估</td><td rowspan="2">2</td></tr>
<tr><td>2）培训教案的编写技巧</td></tr>
</table>

续表

2.1.5　技师职业技能培训要求				2.2.5　技师职业技能培训课程规范			
职业功能模块（模块）	培训内容（课程）	技能目标	培训细目	学习单元	课程内容	培训建议	课堂学时
4．培训指导	4-1　专业培训	4-1-2　能对初、中、高级餐厅服务员进行培训	（1）培训的组织与教学	（2）初、中、高级餐厅服务员培训	1）培训的相关知识 ①培训语言的重要性 ②培训语言的特点、分类和组织技巧 ③培训方法和手段 2）餐厅服务群体培训与个别培训教学法 ①餐厅服务群体培训教学法 ②餐厅服务个别培训教学法 3）餐厅服务培训课堂教学过程组织设计 ①编制培训方案 ②课前准备（备课、准备教具等） ③授课 ④评估、反馈、答疑 ⑤改进设计	（1）方法：讲授法、项目教学法 （2）重点与难点：培训过程及培训效果的评估、反馈	4
	4-2　技能指导	4-2-1　能对初、中、高级餐厅服务员进行技能指导	（1）技能指导的组织及效果评定	（1）对初、中、高级餐厅服务员进行技能指导	1）技能指导的概念和方法 ①技能指导的概念 ②技能指导的方法 2）技能指导的组织程序 ①技能指导前准备（场地、餐具、酒具物品等） ②实习指导教师讲解示范与指导练习结合 ③技能考核评价 3）技能指导的效果评定 ①技能水平评定 ②知识水平评定 ③态度、礼仪评定 ④综合评定	（1）方法：讲授法、案例教学法 （2）重点与难点：技能指导的过程及效果评定	4
课堂学时合计							80

附录 6　高级技师职业技能培训要求与课程规范对照表

2.1.6　高级技师职业技能培训要求				2.2.6　高级技师职业技能培训课程规范			
职业功能模块（模块）	培训内容（课程）	技能目标	培训细目	学习单元	课程内容	培训建议	课堂学时
1．餐前准备	1-1　菜单设计	1-1-1　能设计中西餐宴会菜单	（1）中餐宴会菜单设计 （2）西餐宴会菜单设计	（1）宴会菜单设计基础知识	1）宴会菜单设计依据	（1）方法：讲授法 （2）重点与难点：菜单设计内容及程序	2
					2）宴会菜单设计要求		
					3）宴会菜单设计内容及程序		
				（2）中餐宴会菜单设计	1）中餐宴会菜单设计方法	（1）方法：讲授法、案例教学法 （2）重点与难点：中餐宴会菜单的设计	4
					2）中餐宴会菜品品种组合		
					3）中餐宴会菜品营养组合		
				（3）西餐宴会菜单设计	1）西餐宴会菜单设计方法	（1）方法：讲授法、案例教学法 （2）重点与难点：西餐宴会菜单、酒单的设计	4
					2）西餐宴会菜品品种组合		
					3）西餐宴会菜品营养组合		
					4）鸡尾酒会菜单设计		
					5）冷餐会菜单设计		

续表

<table>
<tr><td colspan="4">2.1.6　高级技师职业技能培训要求</td><td colspan="4">2.2.6　高级技师职业技能培训课程规范</td></tr>
<tr><td>职业功能模块（模块）</td><td>培训内容（课程）</td><td>技能目标</td><td>培训细目</td><td>学习单元</td><td>课程内容</td><td>培训建议</td><td>课堂学时</td></tr>
<tr><td rowspan="14">1. 餐前准备</td><td rowspan="8">1-2　就餐环境设计布置</td><td rowspan="4">1-2-1　能设计布置大型鸡尾酒会环境</td><td rowspan="4">（1）大型鸡尾酒会环境设计
（2）大型鸡尾酒会环境布置</td><td rowspan="2">（1）大型宴会环境设计与布置要求</td><td>1）大型宴会特点</td><td rowspan="2">（1）方法：讲授法
（2）重点与难点：大型宴会环境设计与布置要求</td><td rowspan="2">4</td></tr>
<tr><td>2）大型宴会设计与布置要求</td></tr>
<tr><td rowspan="2">（2）大型鸡尾酒会环境设计与布置</td><td>1）大型鸡尾酒会环境设计</td><td rowspan="2">（1）方法：项目教学法
（2）重点与难点：大型鸡尾酒会环境设计与布置</td><td rowspan="2">3</td></tr>
<tr><td>2）大型鸡尾酒会环境布置</td></tr>
<tr><td rowspan="2">1-2-2　能设计布置大型冷餐会环境</td><td rowspan="2">（1）大型冷餐会环境设计
（2）大型冷餐会环境布置</td><td rowspan="2">（3）大型冷餐会环境设计与布置</td><td>1）大型冷餐会环境设计</td><td rowspan="2">（1）方法：项目教学法
（2）重点与难点：大型冷餐会环境设计与布置</td><td rowspan="2">3</td></tr>
<tr><td>2）大型冷餐会环境布置</td></tr>
<tr><td rowspan="2">1-2-3　能设计布置大型茶话会环境</td><td rowspan="2">（1）大型茶话会环境设计
（2）大型茶话会环境布置</td><td rowspan="2">（4）大型茶话会环境设计与布置</td><td>1）大型茶话会环境设计</td><td rowspan="2">（1）方法：项目教学法
（2）重点与难点：大型茶话会环境设计与布置</td><td rowspan="2">3</td></tr>
<tr><td>2）大型茶话会环境布置</td></tr>
<tr><td rowspan="6">1-3　餐台设计布置</td><td rowspan="6">1-3-1　能设计和布置大型鸡尾酒会餐台</td><td rowspan="6">（1）大型鸡尾酒会台型设计及布置
（2）撰写大型鸡尾酒会台型设计方案</td><td rowspan="3">（1）大型宴会台型设计</td><td>1）大型宴会台型设计要求</td><td rowspan="3">（1）方法：项目教学法
（2）重点与难点：大型宴会台型布局的设计与布置</td><td rowspan="3">2</td></tr>
<tr><td>2）大型中餐宴会台型设计方法</td></tr>
<tr><td>3）大型西餐宴会台型设计方法</td></tr>
<tr><td rowspan="2">（2）台型设计方案撰写</td><td>1）台型设计方案撰写要求</td><td rowspan="2">（1）方法：项目教学法
（2）重点与难点：大型宴会台型布局设计方案的编制与撰写</td><td rowspan="2">2</td></tr>
<tr><td>2）台型设计方案撰写方法</td></tr>
<tr><td>（3）鸡尾酒会台型设计及布置</td><td>1）鸡尾酒会台型设计及布置</td><td>（1）方法：项目教学法
（2）重点与难点：鸡尾酒会台型布局的设计与布置</td><td>2</td></tr>
</table>

续表

<table>
<tr><th colspan="4">2.1.6　高级技师职业技能培训要求</th><th colspan="4">2.2.6　高级技师职业技能培训课程规范</th></tr>
<tr><th>职业功能模块（模块）</th><th>培训内容（课程）</th><th>技能目标</th><th>培训细目</th><th>学习单元</th><th>课程内容</th><th>培训建议</th><th>课堂学时</th></tr>
<tr><td rowspan="7">1．餐前准备</td><td rowspan="7">1-3　餐台设计布置</td><td rowspan="2">1-3-2　能设计和布置大型冷餐会餐台</td><td rowspan="2">（1）冷餐会台型设计及布置
（2）撰写冷餐会台型设计方案
（3）大型冷餐会菜台设计</td><td rowspan="2">（4）冷餐会台型设计及布置</td><td>1）冷餐会台型设计及布置</td><td rowspan="2">（1）方法：项目教学法
（2）重点与难点：冷餐会菜台设计与布置</td><td rowspan="2">3</td></tr>
<tr><td>2）冷餐会菜台设计及布置</td></tr>
<tr><td rowspan="5">1-3-3　能设计和布置大型茶话会餐台</td><td rowspan="5">（1）茶话会台型设计及布置
（2）撰写茶话会台型设计方案
（3）大型茶话会台面布置</td><td rowspan="5">（5）茶话会台型设计及布置</td><td>1）环绕式台型设计及布置</td><td rowspan="5">（1）方法：项目教学法
（2）重点与难点：茶话会台型布局设计与台面布置</td><td rowspan="5">3</td></tr>
<tr><td>2）散座式台型设计及布置</td></tr>
<tr><td>3）圆桌式台型设计及布置</td></tr>
<tr><td>4）主席式台型设计及布置</td></tr>
<tr><td>5）大型茶话会台面布置</td></tr>
<tr><td rowspan="6">2．餐厅管理</td><td rowspan="6">2-1　成本管理</td><td rowspan="6">2-1-1　能核算餐厅经营成本</td><td rowspan="6">（1）中餐厅经营成本核算
（2）西餐厅经营成本核算</td><td rowspan="6">（1）餐厅经营成本核算方法</td><td>1）餐厅成本的划分</td><td rowspan="6">（1）方法：讲授法、实训法
（2）重点与难点：中、西餐厅的经营成本核算方法</td><td rowspan="6">4</td></tr>
<tr><td>2）餐厅成本的特点</td></tr>
<tr><td>3）餐饮企业成本控制</td></tr>
<tr><td>4）餐饮企业餐厅经营成本核算</td></tr>
<tr><td>5）中餐厅经营成本核算</td></tr>
<tr><td>6）西餐厅经营成本核算</td></tr>
</table>

续表

<table>
<tr><th colspan="4">2.1.6 高级技师职业技能培训要求</th><th colspan="4">2.2.6 高级技师职业技能培训课程规范</th></tr>
<tr><th>职业功能模块（模块）</th><th>培训内容（课程）</th><th>技能目标</th><th>培训细目</th><th>学习单元</th><th>课程内容</th><th>培训建议</th><th>课堂学时</th></tr>
<tr><td rowspan="13">2. 餐厅管理</td><td rowspan="13">2-2 服务质量管理</td><td rowspan="6">2-2-1 能处理餐厅断电等特殊事件</td><td rowspan="6">（1）餐厅突发事件应急处理</td><td rowspan="3">（1）常见餐厅突发事件及应急预案</td><td>1）常见餐厅突发事件类型</td><td rowspan="3">（1）方法：讲授法、案例教学法
（2）重点与难点：餐厅突发事件的应急预案</td><td rowspan="3">3</td></tr>
<tr><td>2）常见餐厅突发事件特点</td></tr>
<tr><td>3）应急预案的内容：
①目的依据
②组织机构
③应急措施</td></tr>
<tr><td rowspan="3">（2）餐厅突发事件处理</td><td>1）控制局面</td><td rowspan="3">（1）方法：讲授法、案例教学法
（2）重点与难点：餐厅突发事件的处理</td><td rowspan="3">2</td></tr>
<tr><td>2）及时判断</td></tr>
<tr><td>3）启动预案</td></tr>
<tr><td rowspan="7">2-2-2 能分析、测量和改进服务产品</td><td rowspan="7">（1）餐厅服务质量督导
（2）餐厅服务质量的分析与改进</td><td rowspan="4">（3）服务质量督导</td><td>1）明确本岗位职责与任务</td><td rowspan="4">（1）方法：讲授法、案例教学法
（2）重点与难点：餐厅服务质量督导的方法及内容</td><td rowspan="4">3</td></tr>
<tr><td>2）餐前服务督导</td></tr>
<tr><td>3）餐间服务督导</td></tr>
<tr><td>4）餐后服务督导</td></tr>
<tr><td rowspan="3">（4）餐饮服务质量的分析与改进</td><td>1）有形产品质量分析
①根据实际情况对菜品进行分析
②根据顾客反馈对菜品进行分析</td><td rowspan="3">（1）方法：讲授法、讨论法、案例教学法
（2）重点与难点：服务质量的分析与改进</td><td rowspan="3">4</td></tr>
<tr><td>2）无形产品质量分析
①对服务流程进行分析
②对服务细节进行分析
③根据顾客反馈对服务质量进行分析</td></tr>
<tr><td>3）质量改进
①对有形产品质量进行改进
②对无形产品质量进行改进</td></tr>
</table>

续表

2.1.6　高级技师职业技能培训要求				2.2.6　高级技师职业技能培训课程规范			
职业功能模块（模块）	培训内容（课程）	技能目标	培训细目	学习单元	课程内容	培训建议	课堂学时
3．培训指导	3-1　专业培训	3-1-1　能编制新员工培训计划	（1）培训计划的制订	（1）培训计划概述、内容及制订方法	1）培训计划的概念	（1）方法：项目教学法 （2）重点与难点：培训需求分析与培训计划的制订	5
					2）餐厅服务员培训计划特点		
					3）培训计划制订的方法 ①组织培训需求分析 ②明确培训目的目标 ③确定培训方案 ④制订培训计划草案 ⑤沟通并确认培训计划		
					4）制订培训计划的流程 ①信息采集 ②培训计划编制 ③反馈修订		
					5）培训计划的内容 ①分析需求 ②培训目的 ③培训对象 ④培训内容 ⑤培训师资 ⑥培训方式 ⑦培训时间与地点 ⑧培训费用 ⑨考核结业		

续表

2.1.6　高级技师职业技能培训要求				2.2.6　高级技师职业技能培训课程规范			
职业功能模块（模块）	培训内容（课程）	技能目标	培训细目	学习单元	课程内容	培训建议	课堂学时
3. 培训指导	3–2　技能指导	3–2–1　能对技师进行作业指导	（1）餐厅作业指导书的编制	（1）作业指导书概述、内容及编写方法	1）作业指导书的概念	（1）方法：项目教学法 （2）重点与难点：作业指导书的内容	4
					2）餐厅服务员作业指导书的特点		
					3）作业指导书的内容 ①岗位描述 ②目标要求 ③岗位职责 ④岗位流程 ⑤工作内容 ⑥管理制度 ⑦应急预案 ⑧法律法规		
					4）作业指导书编写步骤 ①岗位信息采集 ②作业指导书编写 ③反馈修订		
					5）作业指导书编写方法		
课堂学时合计							60